奇跡を呼び込む
ヒマラヤ大聖者・ヨグマタ特製
ヤントラシール

幸せを呼ぶ

ヒマラヤ大聖者 108のことば

ヨグマタ　相川圭子

宝島社

幸せを呼ぶ
ヒマラヤ大聖者108のことば

デザイン・DTP ／遠藤デザイン
構成／辻麻理子

目次

幸せを呼ぶ　ヒマラヤ大聖者108のことば

第1章

ヨグマタからのメッセージ

瞑想することで本当の自分に出会う

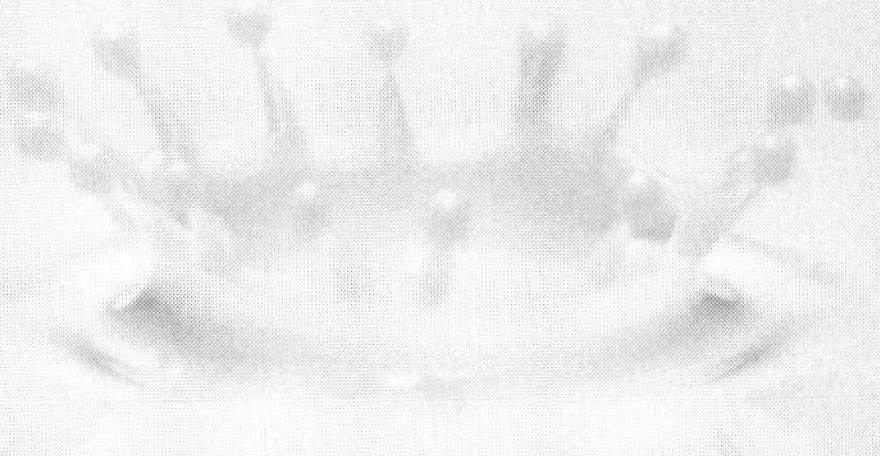

真のスピリチュアルとは
本当の自分に出会うこと

「癒し」や「スピリチュアル」という言葉が、雑誌やテレビをにぎわすようになって久しくなりました。多くの人がさまざまなセラピーやヒーリングなどを「癒し」のために受け、パワースポットとして話題の神社などを訪れているようです。

そもそもスピリチュアルとは、いったいどのようなことを言うのでしょうか。もともと日本ではスピリチュアルというと、先祖や幽霊などの話になることが多かったように思いますが、近頃では「オーラ」や「生まれ変わり」という言葉も聞かれるようになっています。

しかし、癒しもスピリチュアルも、そのとりあげ方、受けとり方によっては、本質ではなく枝葉のところへ行ってしまうことがあるように思います。本書を手にとったみなさんには、ぜひ、スピリチュアルの本質を知っていただきたいのです。

真のスピリチュアルとは、「見えないところ」につながっていくことです。見えないところというと、死んだ後の世界や死んだ人の話と思う人が多いようですが、それだけではなく、それは「本当の自分」に出会っていくことであり、「真理」や「最高の神様」に還《かえ》っていくということです。

スピリチュアルな人になっていくことは、その知識を学んで知っていくことではありません。思い込んだり、想像したりといった、いたずらに心を使うことでもありません。それは実践によって本質につながっていき、やがて本当の自分、真理に出会い、神と自分が一体になる「神我一如」になっていくことなのです。

心は、欲望が膨らみ、磁石のように情報をとり込みます。そうすることでエゴが発達し、本当の自分を覆《おお》って曇らせています。それをどのようにしてとり除けば、生まれてきた源に戻っていくことができるのでしょうか。それはいままで経験したことで生じている「自分でも気づかないこだわり」や、ストレスの「垢《あか》」のようなものを落としていけばいいのです。浄《きよ》めて純粋にして気づきを深め、そうして、究極のスピリチュアルである本当の自分、神になっていくのです。それは、最終的にはサマディ[*1]に達して悟ることなのです。

私たちは肉体や心をいただいてこの世の中に存在していますが、本来の自己は肉体も心も超えた存在です。聖なるところから送られてきた、本当に豊かな存在なのです。その「聖なるもの＝源」につながり、それを覆う心を溶かし、修行して源に遡《さかのぼ》ることで、本当の自分、神に出会えるのです。

癒しとは源の自分に還ること

あなたがもともとやって来たところにつながると、そこから本当の癒しが始まります。私たちは源の存在からやって来て、成長の過程を生きています。しかし、外側にクリエイティブにものをつくり、物質的な幸福を求めることで、欲望が発達し、常に何かを追い求めています。感覚や心身を使って満足を追求し、次第に本当のものと離れていったのです。

多くの人は、源からの知恵が届かないため、自覚していない「深い恐れ」から、事あるごとにエゴによって反応し、自己満足を求めつづけています。心身を本当の自分の姿と思い、知らないうちにストレスをため、本質的な性質である愛や平和を見失っているのです。この状態のままずっと外側の物質的なものを求めても、決して本当の癒しは得られません。根源の存在の、全体の一《いっ》なるものを知らなければ、決して癒されないのです。

癒しを得るためには、エゴに気づき、それを浄化して、一なるもの、源の自分に還《かえ》ることです。まず自分を信じ、源とつながっていくことです。そうすれば自分の中心が決まり、安らぎ、癒されていきます。

いま、世の中のほとんどの人が、光を持たずに、暗闇を手探りの状況で、自分の小さな体験のみを頼りに生きています。あるいは、人の体験や成功を聞いて、思い込みによって生きている状態なのです。

本書でお伝えしている言葉には、ヒマラヤ秘教の真のスピリチュアリティが込められています。そのため言葉を読むことで気づきが起こり、信頼することで癒しが起こり始めます。

ヒマラヤ秘教の教えには最先端の科学を超えた真理がある

ここにあるのは、あなたの魂を揺るがし、目覚めさせていく言葉です。ときには、ストレスで心が曇っていて「響かない」と感じることもあるかもしれませんが、魂はそれをキャッチしています。個人差はあるでしょうが、読むことで内側から気づきが始まり、次第に変容していきます。あなたが何のために生まれてきたのか、人生の真の意味に気づきます。そして、本当の生き方を選択し、本当の幸福へと導かれるのです。

本書の言葉はそういう力を持っています。本来、本当の生き方というのは、意識を進化させ、内側に平和と愛をもたらすので、エネルギーを消耗せず、疲れないのです。

ヒマラヤ秘教の教えは、厳しい修行を通して、人間やその心、身体、魂の科学を追究したものです。源の存在である神と一体になる究極のサマディに達することで得た知恵であり、愛そのものなのです。

宇宙とは何か、意識とは何か、神とは何か、心とは何か、体とは何か、それらをつくりあげる源の存在とは何か。それを解き明かすものが、サマディの科学です。私たちの中にあるすべてのメカニズムを理解し、それを支配する超自然の力を得たり、根源の神聖な性質を目覚めさせ、それに近づき、さらにそれ自身になるための教えなのです。

源へ向かうと、そこには最先端の科学を超えたはかりしれない不思議な世界があります。ヒマラヤの聖者は5千年以上も前に、サマディに入ることにより神我一如となり、そのことによって、すべての生類は、生命の源・宇宙の源からの恩恵・祝福で生かされているのだという、尊い真理を知ったのです。

サマディとは、一言で言えば「人の意識の究極のステージ」です。それにはいくつかの段階があり、その中でも究極の真のサマディは、すべてのカルマ[*2]を浄め、心身を超え、心と身体の働きという生命活動をすべて止め、死を超えて、純粋な存在になることです。本当の自分になり、至高なる存在である神と一体になります。それはすべてから解放され、自由な源の存在に還ることです。これは数あるヨガの行の中でも最も困難な行で、それを達成することは真の悟り、光明の魂になった証明とされています。

真のサマディに到達した深い言葉にある癒しの力

私は縁あって、ヒマラヤの大聖者ハリババジに出会い、ヒマラヤ秘教のすべてを修め、真のサマディに到達しました。

本書の言葉に癒しの力があるのは、それらが思考によって考えて生まれた言葉ではなく、サマディのレベルから生まれた言葉だからです。私が変容し浄められ、心身を超えて真理に達し、そしてサマディを体験したことで、言葉の意味もさることながら、そこには深い愛とパワーも込められています。

たとえシンプルな言葉であっても、深い体験の気づきから生まれた言葉であるため、気づきを起こしたり、癒す力があるのです。

すべての人間の本質には、もともと愛と平和と知恵が備わっているのですが、人はその本質がいったい何であるのかを気づくことができず、永遠でないものに依存して暗闇の中をさまよい歩いている状態なのです。真のサマディに達したシッダーマスター[*3]はそのことをよく知っています。

私はみなさまに真理をシェアしています。サマディによって、小宇宙である人間の秘密から、それと同じものでなり立つ宇宙の秘密を知ったのです。それは、私たちが単なる肉体の存在、心の存在ではなく、見えないところの神の力が働いている存在であること、そしてすべてをつくりだしていく力を持っている存在から生まれてきたものだということです。それは宇宙をもつくりだしている存在、神なのです。

本当の自分、源の存在に還ることで、すべてを知るのです。宇宙と人間の創造という科学を、実際の体験を通して知ることができるのがヒマラヤ秘教の教えであり、私はその知恵を分かち合っています。

もっと本当の自分を愛し、源とつながり、自分の中心軸や力強い信念・信ずる心を持って生きていくのです。真理に出会う教えをすべての人が学ぶことが急務です。愛や平和があふれる世の中になるために、ヒマラヤ秘教の教えと、そこから生まれた本書の言葉は、すべての人にとって大切なのです。

現代を生きる人々は、競争社会の中で疲れ、愛を忘れてしまったかのように見えます。いま、私たちに必要なものは、本当の自分を愛することであり、源の本当の自分に出会っていくことです。それはまず、あなたの内側深くにある根源の自分につながることです。

深く入ってくる言葉は いまのあなたに必要な言葉

しかし、人は常に自分の外側の「形あるもの」に幸せを求めてしまいます。「お金持ちになりたい」「偉くなりたい」……それは砂でつくったお城のようにかりそめの幸せなのですが、それに気づかず、繰り返しそれを求めつづけて疲れ切っています。

本書の言葉は、あなたをあなたの内側にある本質を知る旅へと導いていきます。繰り返し読み、目を閉じて、またそれを味わっていくと、あなたの内側が愛で溶けて、さらに理解が深まり、心が浄化され癒されることと思います。

本書は、見開きの右ページに言葉を、その左側のページでその言葉からのさらなるメッセージをお伝えしています。どこから読んでもわかるような構成になっていますが、やはり尊い言葉なので、できましたら最初から読んでいただきたいと思っています。ページを順に読み進めるうちに、そのときのあなたに必要な言葉が、自然にハートに飛び込んでくることでしょう。そして印象に残った言葉は繰り返し読んでみてください。

インスピレーションでページをめくって、1日ひとつずつ読むというような読み方でもかまいません。すべてに意味がありますので、開いたページにはもちろん意味がありますが、占いのようにはとらえずに、ひとつひとつの言葉を大切にしていただければと思います。

さまざまな言葉がある中で、ピンときて深く入ってくる言葉もあれば、そうでない言葉もあるかもしれません。深く入ってくる言葉は、きっといまのあなたに必要な言葉なのでしょう。そして、もしピンとこない言葉があっても、わかろうと心を使って理解するのではなく、わからなかったら「わからないという、いまの自分の状態」を受け入れてください。言葉を読みつづけるうちに、いろいろな余計なものが溶けて理解が進んでいくことと思います。

そうしたプロセスを信頼して、あるがままの自分を受け入れましょう。サマディのレベルからの真理の言葉を綴《つづ》ったこの本は、読まないときも、読んだ後も、持っているだけでいい波動を起こし、あなたの心を安らがせて、あなたを守る力があるのです。

自分はいったい、誰であるのか真理に出会いよりよい運命を

すべての人はもともと神である「創造の源の存在」からつくられた存在で、同じ命を持ち、みんな、つながっています。

何生も生まれ変わりを繰り返す中で、カルマによって行った経験の記憶を積み重ね、それによってそれぞれの個性を持ち、役割を与えられ、人生を生き抜いています。そこには、カルマに翻弄《ほんろう》されるさまざまな運命がありますが、自分はいったい、誰であるのかという真理に出会うことで、迷いの人生ではなくなります。気づきを持ち、意識を進化させ、よりいっそう、いい運命を生きていくことができます。

私たちの中には、すべてを知る源の存在からのさまざまな深い知恵があります。人はいま、それを忘れてしまっているのですが、そのもともとのクオリティを引き出して、争うことなく、平和を選択し知恵をいただき、愛を持って生きていくことができるのです。

しかし、まだ多くの人々はそうしたことに気づかず、物事を自分の狭い体験から判断しています。もっと大きな宇宙的な視点から見ると、自分勝手な思い込みをしていたり、無知ゆえに無駄な力が入ってがんばり過ぎたりと、徒労の多い生き方をしています。

本質につながり、真理につながって、自分はいったい誰であるのかということを知っていく「ヒマラヤの知恵」に出会うことで、人生をもっとクリエイティブに、楽に、自由に生きることができます。

心を超えたところに真の幸せがある

いま、世の中の多くの人は、自己防衛が先走り、自分を守ろうとして躍起になっています。他を信ずることなく疑ったり、比較したり、虚勢を張ったり、心を強く使ったりしています。これはエネルギーが混乱し、消耗するばかりの生き方です。先が見えず、物質的な豊かさや人間の力でどうにかしようと、エゴのレベルでがんばっているのです。

知恵ある社会をつくっていくためには、もっと大きな力——この宇宙をつくりだした神の声を聴き、素直になる必要があります。自然から大いなる知恵の力をいただき、愛を持ち、平和な状態をつくりあげるのです。

各人が個人的な自己防衛の意識から、視点の進化した宇宙的な意識になっていくためには、気づきを深めることが必要です。気づきとは、心を超えたところに本当の安らぎがあることを知るためのステップです。

内側を目覚めさせ、浄化し、信頼を持って、何を選択したらいいのか注意深く見つめていくことで、本当の気づきが起きるのです。心の曇りを浄化しなければ、心のエゴの混乱ばかりを見ることになり、気づきが起きるのは難しいものです。また心は執着がとれると、また新たにつながるもののを求めます。同じような性質のものを引き寄せ、くっつけたがるのです。それは依存なのです。心は欲しいものを得たら欲望は満足し、いったんは終わります。けれども、またカルマが働けば、違うものを望んでとり込んでいこうとします。こうした心の変化に気づきましょう。

結局は、深く浄化をし、心の源にさかのぼり、さらに心を超えていかなければ、本当の幸せは訪れないのです。この道は、高次元の存在への信頼と道へのガイドによって安全に進められるのです。

本書の言葉から、気づきが生まれることがあるでしょう。すると、周りの人があなたと同じような感情を持っていたり、心の使い方をしていると、その人のことがよくわかり、「ああ、あの人にはいま、心の癒しが必要だな」「この本がすぐに役に立つのでは」と感じることもあるかもしれません。

本書は、その方の意識が変化し、本当の自分につながり、真理に出会っていかれるように、あるいは内側から満ちて人生を楽に生きるためのガイドとなるメッセージがつまっています。すべての方に必要なメッセージが入っていますので、ぜひ、周りの方に、本書をプレゼントしてあげてください。

仮にいま悩んでいなくても、悩むこともあるかもしれませんし、真理とは何なのか誰も知らないわけです。真理を知っていくことは、最高に魅力ある人、完全な人間になることです。人は、真理を知るため、本当の自分を知るためにこの世に送られてきました。ですからこの本はすべての人へのメッセージとなるはずです。この本を周りの人にも愛を持って差しあげてください。それは、あなたがさらにいいエネルギーに満ちる行為なのです。

多くの方がこの本に出会い、いいエネルギーが満ちていきますように、そして、さらなる成長への希望を持っていただきたいと思います。

心の満足だけでは内側の深いところが満足することはありません。人生をただ演じ、ドラマが展開され、命が枯渇《こかつ》していくだけです。もっと根源の命の光を直接にいただいて、輝きながら、人生をより豊かに生きていってほしいのです。

内側の平和が社会の平和をもたらしていく

もし、あなたがこのことを実感し、本当に気づきを深めて変容し、真理を体験して真の幸福になりたい場合は、ぜひ瞑想をおすすめします。瞑想によって、ヒマラヤの恩恵がすべての人の内側に平和をもたらし、ひとりひとりの内側の平和が、社会の平和をもたらしていくからです。

ヒマラヤ秘教の教えは、心身の深くに入り、実践することで人を変容させ、進化させせます。段階を追って本当の自分になる各種瞑想など、生命の科学や知恵からのカギとなる秘法があります。小宇宙である人間の中には、八百万《やおよろず》のそれぞれのエネルギーがあります。秘法はそれらエネルギーを浄め、進化させ、統合し、それを超えると、本当の自分に、さらには一なるものである創造の源の存在＝神に還っていくのです。サマディに達した存在（シッダーマスター）が行う神聖な高次元のエネルギー伝授と秘法の伝授はディクシャ[*4]と言います。各ディクシャはカルマを浄め、スピリチュアルな人に生まれ変わらせるものです。具体的には光の瞑想の秘法、聖なる音の瞑想、各種変容の秘法、気づきのセッション・ワークなどを行います。

私は真理を体験して、どうしたら成功できるのか、苦しみから解放されるのか、癒せるのか、悟れるのか、真の幸福になれるのか、そのすべてを知りました。そして、シッダーマスターとなったことでそれを知るための道を示しガイドすることができるのです。本来なら何生も何生も、気の遠くなるほどの時間がかかる変容と進化のプロセスを、いま、みなさんは私が示す「アヌグラハ[*5]　ヒマラヤ　サマディ・プログラム」によって超特急で体験でき、変容し、本当の自分につながり、幸福になっていくことができるわけです。それを多くの人が体験して、変容し、愛と平和の人になれば、集合意識のレベルから世界に平和をもたらしていくことができるのです。

瞑想とは本当の自分に出会っていく営み

瞑想には、クリエイティブなもの、イメージを使うものなどがありますが、私のガイドする瞑想は、深い瞑想を起こし、変容し、本当の自分に出会っていくものです。

シッダーマスターによる音の瞑想や光の瞑想は、段階に応じての伝授があります。これを行うことで深い瞑想を起こし、変容させ、神聖さを目覚めさせ、生まれ変わり、自由な意識の人になれるのです。心をリラックスさせて、エネルギーを充電し、生命エネルギーをよみがえらせ、行動していく力を得られるのです。

これらの瞑想により、感覚や心や身体が最速で浄められ、深い静寂に到達するのです。やがて、それらのすべてを超え、本当の自分に出会うのです。瞑想はまず身体から入り、それを浄め、次に心を浄め、それを超え、深い海のような静寂に浸る行為です。さらに深くなると源の本当の自分に出会えます。

瞑想は、エネルギーを浄化しひとつにしていきます。いい瞑想をする準備として、日頃から、道徳的に正しい行為を心がけます。いいエネルギーになるように、言葉や、思いや、行為で自他を傷つけず、自分にも他人にも愛や感謝、尊敬を持って接していきましょう。こうすることで、いいエネルギーが自分にも、周りにも行きわたるのです。

また、嘘をつかず、いつも真実の姿でいてください。自分を守るために真実でないことを言うことで、後で何か混乱や、災いが起きますし、心も平和でなくなります。常に思い込みや、悪いエネルギーが自分の中に広がらないように、気づきを持って、いい行為をし、生きるのです。

そしてさらに積極的に、善行を進めることで、エゴを太らせないようにします。いいエネルギーを蓄積して、心と身体がストレスで重くならないようにしてください。このように日頃の心と身体の使い方も、いい方向に向けて、瞑想をしやすい状況にしていくのです。瞑想は内側を浄化していく行為ですが、静けさを出現させるためには、パワフルな浄化力のあるエネルギーが必要です。ただ静かに長い間座っていても内側の変容は起きません。

また、自己流に瞑想を行ってエネルギーをいじったり、いろいろなやり方をミックスすることは、内側のエネルギーに関することなので、危険です。シッダーマスターはエネルギーのこと、心や身体のこと、それを目覚めさせること、心そのものを浄化しつくして溶かす秘密のカギなどについて知っています。だからこそマスターにガイドしてもらうことがベストです。マスターは、その存在そのものが浄める力を持ち、源の存在との架け橋の役割を果たすのです。また、マスターから伝授される秘法は、さまざまな強力なエネルギーを創造し、それをもって、一気に深い瞑想状態をつくっていくことができます。

瞑想を起こすためのさまざまな瞑想秘法、テクニックの中でも、最初に受けていただくのが、安全な音の瞑想と強力な光の瞑想です。それぞれを行って、すみやかに心の浄化を進め、実践をつづけていくことで、やがて心を超えて、真理に出会っていくことができます。

瞑想で内なる平和を広げ
スピリチュアルな人になる

人は何生も何生もかけて生まれてきたところへ還る旅をしています。そこは、私たちの故郷です。そこには本当の安らぎがあります。そこにある聖なるものは、いいも悪いもすべてを包み込んでくれるのです。

瞑想をするたびに、深い内側の静寂に近づき、その平和を広げていくと、本当の自分に近くなっていきます。そして準備ができたとき、自分の根源へ還っていくのです。

心の中にはいろいろなものがあって、不安や心配、疑いなど、そのときどきの自分の状態が出てくるのですが、瞑想を続けて、浄化され、本当にバランスがとれてくると、変な心は出てこなくなります。源のエネルギーと一体になり、感謝の気持ちが増えていくと、スピリチュアルな人になれるのです。

心には、必ず「いい」と「悪い」があります。悪い心でいればもちろん疲れますが、いい心でいても、それにこだわるのなら疲れます。どちらも心を使うので、エネルギーを消耗させるのです。瞑想をして本当に安らぐことで、聖なるエネルギーと一体になり、心を使わないでいられるようになると、エネルギーは減るどころかむしろ充電されるのです。

日常的には、音の瞑想の秘法を行います。これはディクシャによって聖なる波動（マントラ）[*6]を持っていただくというものです。そうすることで、いままでのカルマを浄化して、内なる平和を広げ、スピリチュアルな人になって、どんどん生まれ変わっていくことができるのです。

真理を知るマスターに出会い ブレッシングをいただく

慰めの言葉を聞いたり、自分の欲しいものを手に入れたり、セラピーやヒーリングを受けて、心を落ち着かせ、安らぎを得ることもいいのですが、それは一時的なことです。

本当の癒しとは、もともとの自分が送られてきた、すべてをつくりだしている源の存在に還ること。それは、「自分を信じ、自分を愛する」ことから始まります。自分を信じ、源の存在を信頼し、そこから愛をいただき、カルマを浄め、神との架け橋となって、愛の波動で、「周りの人を信頼し、愛していく」ことでもあります。

先程、カルマという過去世からの体験の記憶が、人の運命を方向づけてしまうと申しあげましたが、カルマは外側を満たそうとするために、自分を慰めることをいろいろとします。それが執着をつくり、輪廻《りんね》といわれる「繰り返される行為」をつづけるのです。

それは真理でないものへの依存です。内側から満たされず、常に不安定なのです。心が強く翻弄するためなかなか人は源の存在、本当の自分に還れなくなっています。その輪廻の渦の中から救われ自由や安らぎを得るために、悟り、自分が自分のマスターになっていく。

そのためにはまず、すべての真理をよく知るマスターと出会い、マスターのエネルギーをブレッシング[*7]としていただくことが必要です。源の自分に還る呼び水をいただくと、安らぐことができるのです。

ブレッシングとは、意識の高い聖者やブラフマナ（僧侶）から祝福や恵み、高い次元のエネルギーをいただくことです。

私は、サマディからのブレッシングを行っていますが、これはヒマラヤの叡智《えいち》、その最高の知恵を得ることができたからです。

最高の知恵を人々に贈るヒマラヤ聖者になる

縁あって私は、10代後半にヨガに出会い、次第に専門的にその周辺の学びの研究と実践を進めながら、「人はなぜ生きるのか」「心とは何か」ということを模索してきました。ヨガ指導をしながら、心と身体と魂について探究していくうちに、縁あって私のカルマにより、ヒマラヤ聖者に選ばれ、ヒマラヤへ導かれ、さらなる真実を求めて、何年もの間、「サマディ修行」*8という厳しい修行を積んだのです。

そしてついに、真のサマディに達し、生命の源と一体となり、真理を知りつくし、ヒマラヤ聖者のシッダーマスターとなったのです。シッダーマスターは人々を源の存在である神につなげ、人々に最高のブレッシングを与えることができる存在です。

このブレッシングは受けとる人の準備ができたとき、レーザー光線のようにその人の内側深くに染みわたり、変容させ、また再生させる力を秘めているのです。それはさらに、アヌグラハという最高のブレッシング、神、存在からのグレイスである恩寵《おんちょう》を起こしていきます。

人々を変容させるヒマラヤの恩恵

サマディに達したシッダーマスターとの出会いは特別なものです。私の存在そのものが、あなた方自身が幸せへの扉を開くきっかけとなるのです。

シッダーマスターに会うこと（ダルシャン）[*9]や、シッダーマスターによるディクシャでつながることで、あなたの内側は目覚め、浄化され、スピリチュアルに目覚めます。シッダーマスターの存在そのものや目で見られることから、言葉から、手のタッチから、またシャクティパットで直接・間接的に受ける波動は、アヌグラハのブレッシングとなります。

さらに、サマディから生まれた各種瞑想秘法の伝授、悟りのための浄化と変容の秘密の教えの伝授、セミナーや合宿などのプログラム、こうしたすべてもブレッシングです。それらはあなたが最高の幸せを得るためにお届けしています。本来、数えきれない生まれ変わりを繰り返して、長い年月を重ねる進化の旅になるはずのものが、この今生で、安全に、最速で変容できるのです。誰もが、心のとらわれから目覚め、苦しみから喜びと真の幸福へ、欠乏から豊かさへ、無知から知恵ある人へと変わっていき、悟りの人となることができます。

たとえ奥深いヒマラヤに行ったとしても、それは単なる登山でしかありません。マスターにも、秘法にも出会えないのです。ヒマラヤに行かなくても、私がこの日本の日常の中で、合宿をはじめとするさまざまなプログラムで、あなたの内側を最速で変容させます。ヒマラヤより集中的に、科学的に、本格的に、それでいてやさしく、生まれ変わる機会を設けています。これはあなたの人生に豊かさをもたらしていく最高のプレゼント、魂からの愛です。人々が自分のカルマをコントロールでき、自分が自分のマスターになるための、エゴから本当の愛の人に変わるための「愛」を私は伝えているのです。

私との出会いやブレッシングに触れることで、宇宙的愛と安らぎを得、自分の真の願いをかなえ、幸福になっていくことができるのです。

あなた自身が知恵と平和と愛の人になっていく

マスターとともに座るダルシャンは、シッダーマスターに会えるチャンスです。この1回だけの出会いでも、「体があたたかくなった」「なぜか幸せな気分になった」「悲しくもないのに涙があふれ出た」「心が安らいだ」「イライラが消えた」「体がビリビリしびれた」などという声を聞きます。

まだ準備ができていない人は、会うだけではブレッシングがわからないこともあります。しかし自分では気づかない深いレベルで、何かが変わりはじめています。そして、出会いの機会を重ねることで、ブレッシングを受けとり、着実にさまざまな幸運の兆しを得ていくのです。あなた自身が永遠の存在を知るために、人生の最高の目的、本当の自分に還る道を、実践を通して歩んでいただきたいということ、それが私からみなさんへのメッセージです。

人々の意識が、常に相手に勝とうとする、利己的な競争社会をつくってきました。そこから一人ひとりが自分の内側の光に出会って、意識を高めていきましょう。静寂を得て、内側を満たし、宇宙的愛の人、知恵と平和と愛の人となって、愛をシェアしていただきたいのです。それがあなたの本当の願いなのです。それが実現できる手立てが見つかったのです。生きるのはこんなものかといったあきらめではなく、真の成長へと一歩踏み出す機会なのです。

瞑想でエゴを溶かし愛を生きる

愛を生きるというのは、道徳的に親切にするということにとどまりません。自分がいい人に思われたかったり、相手への思いやりと同情からした単なる手助けならば、自分自身の自己満足に終わってしまいます。その人が成長していく機会を奪うことにもなりかねません。

こうした思いを質の高い行動に進化させていきましょう。そのためには、内側のエゴを溶かし、平和が訪れる瞑想をするのが一番です。

見返りを求めずに、無償の愛で親切にすることによって、相手が何かあたたかいものを感じ、「あなたは何かをされているのですか?」と聞いてきたときには、「普段、瞑想をしているのですよ」と恥ずかしがらずに答えてください。「瞑想をするとそういうふうになるのか」と知る人が増え、本当の自分に出会うために瞑想をする人が増えていくことを、私は望んでいます。

ぜひ、本書をきっかけに、その言葉から気づきを得て、癒され、できれば瞑想をしていただいて、少し楽になって、いい体験をしていただければと思います。そして、無償の愛を伝えていただきたいと思っています。

第２章

心を落ち着かせることば

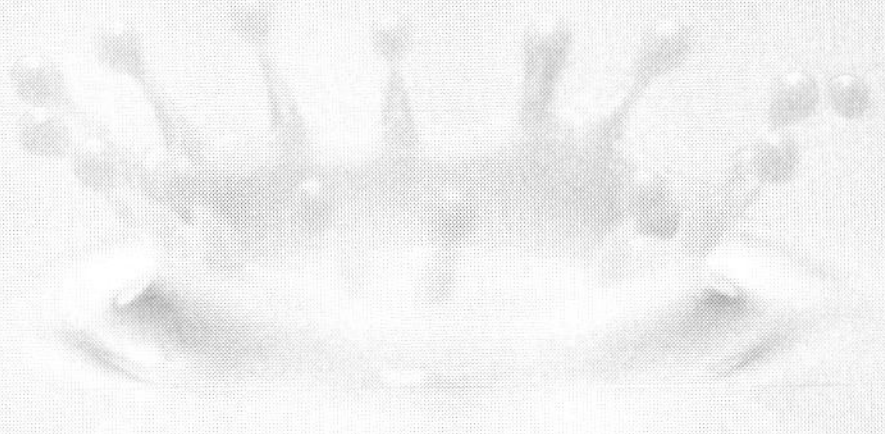

No.001

そんなくだらない心。捨てなさい。

人は、幸せを求め生きていますが、ときに、心であれこれ考えたり、その大変さや辛さを訴えたりしがちです。

誰かに話すことで、すっきりすることもありますが、気づきがなければ、それをいつまでも繰り返しています。

心を使うことは、ガラクタをとっておくようなものです。心の働きは、実は、すべて消耗です。そして、何かをただ心配していても、解決策が浮かぶことはありません。心があると、心の船に乗ってグルグル回っているのです。

くだらない心を捨てます。真の成長は、心を浄化し、あなたを翻弄する心に気づくことです。気づきで、その心から離れられ、捨てられるのです。心があると時間の中にいます。心がないと、永遠にいまに在ります。それが深くなると時間を超え空間を超えて、本当の自分、真の純粋なところに還っていくのです。

No.002

心は巧妙だから。

人は、よく思われたいと思ったり、常に自分を守るために言い訳をしたりします。それは、恐れからであり、自己防衛です。自己防衛で自分が批判を受けず、傷つかず、自分だけ満ちればいいと思って、心が巧妙に働くのです。

心は常に褒《ほ》めてもらいたいと思っています。最初は自分で自分を褒めてあげることも必要ですが、それらはエゴの肥やしにすぎません。本質につながるとそこで充電されるので、エゴの肥やしは必要なくなります。もっと自由な人、思いやりのある人になっていきます。心の巧妙さに気づき、調和をもとに、気持ちのいいほうを選択していくと、自分も周りも潤《うるお》っていくのです。

自然はいつもいろいろなものを与えてくれています。花が美しく咲くのは褒めてもらいたいからではありません。自分らしくエネルギーが満ちて咲いているだけなのです。私たちも、本質とつながると、満ちて最高の能力を発揮し、このうえなく美しい心を咲かせていくことができるのです。

No.003

深いところは愛だけなのです。

人は、愛されたい、褒められたい、もっとああしてほしい、こうしてほしいと、不足のほうばかりにとらわれ、そういう奪っていく愛を、愛と勘違いしています。それは欲望のほうにいき過ぎている、エゴが喜ぶ愛なのです。欲求にとらわれ、勘違いの愛でエゴを喜ばせなくても、私たちは見えないところの愛の中で生きています。恵みという愛をいただいて生かされているのです。太陽の光がなくなったら、生命力もなくなってしまいます。水も空気も、宇宙のすべてを生かしめている自然の力は、愛なのです。それは宇宙的な愛で、そういう営みが、小宇宙である私たちの体の中にもあります。

愛しかないのです。私たちは愛だけで生きて、生かされているのです。そのことに、ただ、感謝をしていきます。もっと感謝をしていきます。そうすることで、すでにある愛、愛されている愛に気づくことができ、内側から満たされ、平和になるのです。

No.004

自分がすべて抱え込んで、やらなくてもいいのですよ。

真面目な人ほど責任感が強いものです。すべてを自分でやろうとして、がんばっているのです。やる気が出なかったり、気が滅入ったときは、青い空を見てリラックスしましょう。いま、あなたの心には空間が必要なのです。

自分で全部やろうとしなくていいのです。それは負けることではなく、人を信頼することです。シェアしていきましょう。愛からそれを行います。あなたの奥深くに眠る、源の存在にまかせ、がんばりを手放します。周りの人はきっと助けてくれますし、その人たちにとってもそれで成長できるのです。

また、あなたはいい人過ぎるので、自分自身に甘くなってください。仕事より命が大切です。命を生き生きさせるためにも、源の存在につながっていきます。さらに源の存在と一体になっていくことで、あなたは真理を知るのです。心を超えた源の存在から、神秘の力、継続する力、知恵の力、愛の力があふれ出てくるのです。

No.005

自分の中が本当に軽やかになって
楽になっていくのには
日々の心の持ち方も大事なのです。

どういう心を持って日々、24時間を生活しているのでしょうか。他人のことはよく見えますが、自分のことは見えているようでも、本当のところは、全然、見えていないのです。他人が不完全だということだけはよくわかるので不平不満を持つのですが、自分が人に要求ばかりし、「こうしてほしい、あれが足りない」という気持ちで接していると、なかなか自分では気づくことができません。これらのことを無知といいます。

あなたはどのような気持ちで人に接しているでしょうか。あなたが相手に対して持っている同じ気持ちが、相手から返ってきます。自分がどういうふうな気持ちで日々を過ごしているか。日々の気持ちの持ち方がすごく大事なのです。人を尊敬し、相手にいいものを出していく力強さが必要です。あなたの勇気と愛を持って、相手にあなたのいいものをプレゼントしていくと、軽やかに、透明になって、楽になっていくのです。

No.006

多様性を認めて。
いろんな人がいるのです。

人はときに怒りが湧くことがあります。自分とやり方や考え方が違うと、その違いに対して、否定のスイッチが入り、感情のエネルギーが渦巻《うず》いてイライラします。さらに大きくなると怒りに発展します。その怒りは、吐き出してしまうのがいいのですが、人に向かって出したらケンカになってしまいます。また、自分への怒りの場合もあるでしょう。どうしてもおさまらないときは、人がいないところで顔をくしゃくしゃにして、大きく口をあけて、声のない、大きなため息をつきましょう。

解決法は、怒りの対象を理解すること。あなたの正しさと相手の正しさは違います。育ち方も、感じ方も、やることとの優先順位も違うのです。「まぁいいか」と、余裕を持ち、その怒りのエネルギーの流れを見つめて解放させていきます。あなたは何もせずに、怒りのエネルギーの解放を見届けていくのです。さらなる成長は、心を超え、愛と一体になって、無執着になっていくのです。

No.007

「笑う門には福来る」です。
エネルギーが軽くなると笑います。
深刻な人は笑うことができません。

人生には「喜怒哀楽」がたくさんあります。多くの人は、「喜怒哀楽」のない人生はつまらないと考えます。その中でも「笑い」は暗いエネルギーを解放させる力があります。いま、思い切って何十秒か笑ってみてください。きっと心が軽くなり、理由なく楽しい気分にシフトして満たされるでしょう。

しかし、深く悩んでいる人はなかなか笑うことができません。たとえば、そんな方が合宿に来て、数日間、一緒にいても、一度も笑わないのです。ところが、深い瞑想をして浄化して変容すると、気持ちが軽くなって、自己防衛でない、自然な、幸福に満ちた笑いが出てくるのです。

私たちが本当の自分に出会っていくプロセスで、深い瞑想により心を純粋に浄化していくと、深いところにある、喜怒哀楽を超えた、恐れのない、すべてを知った無限の存在に出会い、いつも苦しみがない喜びの人になれるのです。本当の自分はそれをも超えて在るのです。

No.008

自分を責めません。自分を許します。
あなたは喜んでいいのです。

儚《はかな》さは、一見、とっても控えめで、美しく見えるかもしれません。悲劇のヒロインは、映画や小説では美しいかもしれません。しかし、悲しみや否定的な思いに打ちひしがれると、慢性的な大きな病にかかることがあり、それはなかなか癒すことができません。生命力が消耗し、周りの人のエネルギーを奪ってしまい、周りをも暗く悲しくさせてしまうかもしれません。

生命力を高めていくためには、自分を責めずに許すことです。自分を愛し、周りのすべてに感謝します。そして、自己を見つめます。もしかしたら、悲しむことがいいことで、それが自分に相応《ふさわ》しいと思っているのかもしれません。

喜ぶことに臆病になってはいけません。笑って喜んでいいのです。生命エネルギーをとり戻しましょう。本当は、人は何をどうしても満たされません。深いところに、本当の自分に出会っていない悲しみがあるのです。それに出会っていくことで、限りない喜びと、すべてを癒す生命力を回復できるのです。

No.009

楽しむために
何かに夢中になるのではなく
心を平和にしていきます。

喜怒哀楽の「楽」は、大切な意味を含みます。楽には段階があり、段階が進むと、普通の楽の感覚から、本当の深い意味に至ります。それは悟りの極致の極楽であり、心を浄めつくし、何の執着もない状態です。感覚や心や体を超えて達し、自由になった最高の楽な境地です。

あなたは、どんな楽を味わっていますか。お酒やたばこなどの感覚の喜び、あるいは、それぞれの好みでの感覚を楽しんでいるのかもしれません。望むことを楽しい気持ちで行いましょう。ただし、そこに気づきを持ちましょう。気づきのない、感覚の喜びは、「もっともっと」と求めます。無知でそれを行うと、その繰り返しで執着が尋常でなくなり、心身のバランスをくずし、苦しみになることがあります。たばことお酒の執着は、わかりやすい例です。そこにある執着を手放すために、瞑想で気づいていきましょう。本当のあなたとつながって、心を平和にしていくのです。

No.010

喜びは、幸福です。
人の喜びを自分のものとする、
エゴのない喜びは、
社会を幸せにする。

何かの願いがかなって嬉しいとき、人はしばらく喜びの興奮が冷めやりません。その人の幸せを周りの人も喜びます。人の喜びを自分の喜びにすること、これははかりしれない慈愛です。この慈愛で多くの人が幸せになると、心が浄化され、世の中に平和と幸福が広がります。これは人にシェアする幸福と喜びなのです。何かを自分のために得たというエゴの喜びではないのです。

社会の中で、このような喜びを増やしていきましょう。そして、勝ち負けではなく、すべては大きな何かの力によって与えられる恵みであり、学びだと理解します。

人は、ともすれば勝ち誇ったり、負けたと思い、嫉妬や悲しみを抱え、落ち込んだりと、エゴで苦しんだりする回路が発達しています。それよりも、エゴを超えた、愛からの、成長した対応があるのです。エゴの喜びの追求も疲れます。それらを超えて、深い静寂と真の愛を満たすのです。

No.011

怒りを理解して手放していく。

思うようにいかないと、怒りが湧きます。怒りのかたちはさまざまです。抑える怒りもあれば、吐き出してしまう怒りもあります。自分のやり方と人のやり方が違ったり、誤解や過度な期待があったり、失敗したときなどに、相手や自分に怒りが湧いたりするのです。こうしたことを続けると、怒りは癖になり、緊張をしたり、心臓に負担をかけたりします。怒りが過ぎると疲れるのです。怒りは怒りを増幅させ、自分に返ってくるのです。やがて心身やエネルギーが消耗して、病気の土壌をつくっていきます。

怒ることで相手が反省するかといえば、理解はしてもらえず、悪く思われるのみで、何のメリットもありません。怒りは、それぞれが気づくことで理解が進み、変わっていきます。そのエゴのこだわりを手放すことができます。

深呼吸をして、リラックスして欲を捨てましょう。本人に気づきがないと変わりません。呼吸を見つめ、自他の怒りにふり回されないようにしましょう。

No.012

悲しいときは、
悲しみがどこから来るのか
見つめていきます。

誰か大事な人を失ったときなどは、悲しく、涙がとめどもなく流れます。相手のために泣いているのか、自分のエゴが悲しいのか。悲しみも過ぎると、消耗し、生命力が弱まります。思い切り泣くことも、深い悲しみを解放する助けになりますが、そこからさらに前進していきましょう。人生は、悲しいばかりではなく、学びと成長があります。人は見えない存在から愛されています。悲しみの奥に何があるのか、見つめていきましょう。

感情に翻弄される人生は、辛いものです。感情を理解し、喜びに変え、さらにそれを超える、それは私ヨグマタがガイドする最高の進化の道です。悲しみも、怒りも、喜びも、楽しさも、学びであり、さらに、そこを超えて、自由になっていくことができます。私の悟り（サマディ）からの祝福（ブレッシング）と信頼によって、本当の自分に出会っていきます。その体験で意識が変わり、常に、愛と平和の人として生きていけるのです。

No.013

誰かを許せず怒りが湧いたときは、
ダメな自分、怒る自分を
愛し、許します。
相手には、怒りではなく、
愛から言ってあげるのです。

誰かに傷つけられたとき、頭にきて怒ってしまう人がいます。傷つくのはその人のエゴが感じることですが、エゴの怒りは、ちょっとやそっとでは鎮まらず、相手を許さないのです。また、怒りが表に出ていなくても、長い間、許すことができない人もいます。人が怒るのは、何かを受け入れられず、自分もそれと同じものを持っているからかもしれません。自分が嫌だと思っているものを相手が見せたから反応するのです。つまり、自分の問題です。

怒ると、怒った人自身が、その怒りから発生する毒を受けます。自業自得ですが、毒でやられてしまいます。怒りが湧いたときは、そのままの自分を受け入れましょう。さらに、この状況から、怒らせてくれた相手に感謝するのです。それは自分のエゴの「嫌い」とこだわりの心を解放させることになります。そして、感謝と気づきが、自分を変えるとともに、その愛と感謝が、深いレベルから相手に伝わり、相手も変わっていくことになるのです。

No.014

あなたは優しいのです。
戦うことが嫌いなので
相手が言いやすいのです。
あなたは相手を助けているのですよ。

人に怒られたり、当たられやすい人がいます。相手はその人の非をついて、発散して元気をもらうので、いわば、その人は相手を助けているわけです。見えない存在である神は平等に、あなたを見ています。率直に、はっきり言ってくれた人を恨んだり、自分を責めたりするのではなく、その人が「感じたことをダイレクトに言ってくれたこと」を肯定的にとらえ、感謝し、さらに気づきを持って前に進むきっかけとしましょう。またこれを学びのチャンスとし、それを超えていきます。そうすると上手に対処できる力がつきます。

同時にこれは「人は自分と違う受けとり方をする」「そんな心が私の無意識にも潜んでいるのか」と、さまざまな気づきのきっかけになります。相手は自分の鏡です。その人自身を映し出しているのです。いいものが鏡に映るようにしていきましょう。そのためには、感謝とともに、心の曇りを浄め、変容する瞑想をしましょう。そうすればあなたは無敵になるのです。

No.015

ただ見ている。
そこにある事実を見ていることが
できればいいのです。

日々、どういう心があなたの中にあるでしょうか。怒りや悲しみ、イライラがあったり、がっかりしたり、心配したり、優越感を覚えたり、他人と比較していたり、とらわれていたり。何か人に言われて、その言われたことがずっと気になったり、執拗《しつよう》に思い出されたり。何か事が起こると、心は必ずリアクションをします。こういう心の動きはエゴによるものです。エゴが傷ついて、心が動くのです。

そして、人はエゴが自分自身だと思って、日々、エゴによって心を使っています。けれどもそれは、本質のあなたではありません。エゴを本質の自分だと思うと、そこから抜け出すことができず、苦しくなったり、自分を責めたり、逆にエゴの思うままにさせてしまったりします。

心が動いたとき、「ああ、これはエゴなんだな」と、突き放して見ることができればいいのです。ただ、そこにある事実を見ればいいのです。

No.016

どんな状況においても、
常に友好的な
愛と感謝のエネルギーを
出していけますように。

人間、誰でも愛されたいと思うものです。同時に誰でも本当は、みんなを愛したいと思っているのです。でも、みんなから愛が来るというのは、この世の中では不可能なように思えます。常に人と比較し、人に勝ちたいというニーズが競争社会をつくっているからです。みんな自分が可愛いため、自分の地位や場を侵されそうになると、攻撃的になってしまいます。

キリストは、「右の頬を打たれたら左の頬も差し出しなさい」とおっしゃいました。それは、相手を許し、攻撃しないで、常に愛を送りなさいとおっしゃっているのだと思います。大変なことですが、相手も攻撃することで出るものが出きったら、「自分が悪かった」などと思うものです。

相手が攻撃してきても、あなたが愛のエネルギーを送れば、相手は「はっ」と我に返って自分自身を見つめることができます。そしていま何が起きたのかという状況を判断して、聞く耳を持つ人になっていくのです。

No.017

比較をなくして、
ただ、愛と尊敬を送る。
それが、
命を輝かせる生き方なのです。

ついどんなことでも比較をしてしまうのが人間です。金持ちと貧乏、容姿がいい悪い、学歴があるない、社会的地位が高い低いなど、競争社会ですから、無意識のうちに表面的なことをチェックして、常に比較をし、優越感を感じたり、落ち込んだりして、一種の相対的なバランスをとっているのです。

心は常に働いて比較をしています。その心を理解し、浄化して、それを超えると、まったく新しい、平和な生き方ができるのです。そして、心を働かせることなく、周りの人に慈愛を持って接し生きていけるのです。

まず、比較をしている自分を見つめていきます。そういう自分がいるんだと、そういう自分自身を受け入れ、比較をする人も受け入れていきます。さらに相手の幸せを願っていく、それが、悟りへの道の生き方なのです。

心は無知で、貪欲《どんよく》です。人は心に翻弄されています。悟りとは、自分はいったい誰なのかを知り、心に翻弄されずに命を輝かせる真の生き方なのです。

No.018

すべては感謝なんですよ。

どんなに大変なことがあっても、相手や自分に不平不満を言うのではなく、与えられたすべてを学びとして受けとっていきます。あなたは神からより高い学びという恩恵をいただいているので、感謝だけすればいいのです。人の内側のエネルギーの深い理解ができたとき、それに気づくはずです。教育を受けた頭のいい人ほど、心のレベルで、常に比較したり分析したりするのですが、いままでの観念、長い間の損得の観念の癖を外して、宇宙的視野になってくださ い。ただ愛を感じて、まかせて、楽になっていく機会が訪れます。

本当の命のあるべき姿、自然の法則、生命の法則にも気づきます。愛や、許し、感謝があるのか、クリエイティブな心があるのか、常に肯定的か。自分のあるがままを愛しているか、周りの人を許しているか、感謝しているか――そういう気づきを持って、いい悪いのこだわりを捨てて、無心で日々、いまを見つめていき、自然に、平和に生きていきましょう。

No.019

自分を愛し、
すべてを
許していきましょう。

自分の中に嫌な自分を感じたときは、心のお掃除のチャンスです。それは、いままで詰めこんでいたものが、浮きあがってきて、溶けていく姿だからです。そういう自分を許し、愛していきましょう。

あなたはいままで、負けてはいけないとがんばってきたのです。心の働きは、ときに人のせいにしたり、自分をだめだと責めます。白かったら白すぎる、赤かったら赤すぎると、心はちょうどいい加減というのがなく、常に変わるのです。心は常に、+《プラス》と−《マイナス》のエネルギーの働きで揺れ動くのです。

私は心の働きを超えさせる最高の鍵を知っています。心をお掃除して本質の自分とつながっていくと、深いところから感謝が湧き出てきます。雨が植物を潤すことに、空の青さに、電車やバスが普通に走っていることにありがたさを感じるのです。自分を愛し、すべてを許してください。あなたの+と−のエネルギーはひとつになって第三の静寂なエネルギーにあなたを導きます。

No.020

自分が変われば
周りのどんな困難も
消えてしまうのです。

もし、家族が病気になったり、問題が生じたら、あなたは何をしますか。あなたがおろおろしたり、困惑すると、その思いは周りに伝染し、悪い状況をつくります。そうではなく家族の問題は進化の学びをいただいたのだと、感謝して受け入れてください。他人を変えることは難しいものです。でも、まず自分が変わることで家族が変わりはじめます。家族の病気が快復したり、問題がなくなっていくのです。そのことに直接の手立てをしなくても、です。

謙虚な気持ちで、浄化して、創造の源の存在である神を信じ、己をゆだねます。それには、そこへつなげる強い橋が必要です。創造の源の存在と等しく、信頼する魂に等しい存在、神我一如になったサマディマスターが架け橋になることができます。マスターへの直接および間接の祈り、祈願は、サンカルパという究極の意志である、神のレベルの願いとなって届けられ、奇跡が起きるのです。信頼と深い愛で、後は運を天にまかせるのです。

No.021

いま、自分は一体何を見ているのか。
外側の目にとらわれているのか。
音や匂いにとらわれているのか。
どういう感覚で見ているのか。
心を見ているのか。

真理への道は、叡智と平和とパワーの源の存在への旅です。それは浄化と気づきに始まります。カルマは過去生からの行為の記憶の蓄積であり、その違いによって、人それぞれ、見方や感じ方、理解の仕方が違います。自他の見方が、肯定的なものか、否定的なものか、ジャッジをして見ているのか。

源の存在、真の自分に到達するのに寄り道をしてはいられません。世の中には、魅力のあるもの、おいしいもの、美しいもの、いい仕事、楽しいことがたくさんあります。そこに夢中になって我を忘れ、一所懸命、こだわっていこうとします。でもこれは、心と身体を養うことであるものの、真理の道からは遠く離れてしまうことなのです。自分は、何のために生まれ、どこにいるのかというのがわからなくなり、やがて、生命エネルギーが消耗して、不安になっていくのです。まずは、心のこだわりや、とらわれているものに気づきます。自分が何をどういうふうに見ているかに気づいていきましょう。

No.022

一瞬一瞬、

「いまのこの気持ちは何なのか」

と見つめて。

自分は自分の考えにとらわれて、
だから苦しいんだと。

人は、自然の進化の旅に生きています。寒さや飢えをしのぎ、よりよい生き方を求め、生きています。

ここに変革の生き方があります。サマディからの叡智により、真理に出会い、最高の人間に進化する生き方です。単に欲望を満足させるのみでなく、神の目で見る気づきを習慣化させ、真、善、美を育みます。

人は、いまもなお本当の自分を知らず、誤解し、信頼がなく、疑い、憎しみ、愛を知らない苦しみの中で、怒りと欲望と無知に覆われ、どんどんエゴのこだわりを肥大化させる生き方をしています。

そこからの救いが、最速での意識の進化にあります。サマディの叡智により、自己防衛で相手から奪う生き方から、与えていける生き方になります。さらに神聖さが次第に目覚め、無償の愛をシェアして生きていけるのです。それは、エゴによるものではなく、自然な生き方なのです。

No.023

否定的な考えは、
エネルギーのブロックになります。
疑いを持つとそこで閉じてしまい、
いいエネルギーが通いません。
信頼をするとエネルギーが通います。

人と人との関係では、信頼をすると、そこにいいエネルギーが通います。でも、疑いを持つとそこで閉じてしまい、もういいエネルギーが通いません。人の中には、神が宿ります。それは真の自己です。純粋なる存在です。その出会いは、単なる出会いでなく、神が学びのために送ってくれた人です。

相手を信頼して向かい合いましょう。疑いや恐れではなく、安心のエネルギーが流れれば、いい雰囲気になります。それがスムーズにできない原因は、自分自身を信頼していないからです。まず、自分との関係を信頼します。自分を嫌い、受け入れないと、通りは悪くなります。自分を信頼すると相手からも信頼が返ってきます。自分が疑いなど、否定的なものを出したら、相手からも否定的なものが返ってきます。これは全部、自分がつくり出しているのです。インドではまず合掌をします。相手の神を拝むのです。信頼のスイッチが入ったときの出会いは、自分も相手もすべてよしとなるのです。

No.024

人は要求ばかりしてしまうんですよね。
ヨグマタにも要求しないでね。
愛がいくから。
物質はあまりいかないから。
無償の愛がいくから。

現実社会で生きるだけで、誰もが知らないうちにストレスをため、感覚などを使いすぎています。それが麻痺《まひ》すると、次第にバランスをくずして病気になったり、神経が疲れてしまったりするのです。源の愛との架け橋である主＝マスターとつながり、自分の中心にいるようになると、ものすごく安らぎがあります。進化の旅を続けていくのに、揺るぎない信頼を築きあげると、マスターと離れていても常に満たされているようになります。

マスターとはしっかり愛でつながっていきます。片思いではありませんが、片思いいくらい想ってはじめてつながるのです。ヨグマタはみんなを平等に愛しています。だからその愛は、太陽のようにくまなく、みんなのところに照りわたっていきます。自分の心の中に住んでいると、心が自分の思い込みの方向にいってしまい、太陽の光が見えません。心が無心になったときに、源からの愛が現れ、生かされているということに気づいていくのです。

No.025

クリエイティブに考える喜び。
それをまた形にして、
誰かに差し出して喜んでもらう。
一つひとつ感謝をしていって
一瞬一瞬、喜んでいくのです。

喜びのある生き方とは、どんなものでしょうか。何か食べ物をつくろうとして、ワクワクする。どんな味つけがいいのかな、中華風かな、和風かな、イタリアンかなと考える。切り方は、千切り、イチョウ型かな、調理方法は、生か、炒め、蒸しかな、台所に何があるのかな……と。いろいろクリエイティブに考えることは楽しく、喜びです。それを、日常の中にたくさん見つけることをしてみましょう。否定的なエネルギーではなく、何かをする、自分をそこに表現するのです。さらに、クリエイティブな方向に使っていくのです。

最高の喜びは、本当の自分になっていく、源に還っていくことです。もと来たところに戻ると、本当に安らいでいて、最高のバランスがとれ、そこにただ在るだけで満ちるのです。すごくエネルギーが充電されて、愛と知恵に満たされます。そういう状態にしていくために行うのが瞑想です。マスターを信頼し、心身の執着を落とすと瞑想が起き、そういう喜びが出てくるのです。

No.026

別れがやってきたとき、
単に心のレベルで悲しむのではなく、
もっと真理を知っていくことによって、
内側が充実できるのです。

人は、自分の一部だと思っていたものがなくなったとき、風がスースーしているような感じで、何か寂しいとか、悲しいと感じます。もともとそれがあって自分が完全体だと思っていたので、「どこに行った」となるのです。

病気や事故、寿命などで、自分の家族と別れなければならないときも、いつも一緒にいることが当たり前で、自分に属していて、自分とつながっていて、それが完全だと思っているので、悲しいのです。

でも、その人は、その人のカルマによって寿命が来たので、単に役割が終わって、肉体の命が尽き、もと来たところへ戻っていったわけです。ですから、そういう不足で別れを悲しむのではなく、それを満たしていくのに、自分の思いやりや優しさという慈愛の心で、相手の冥福をお祈りしていくのです。

別れを通して、単に心のレベルで悲しむのではなく、もっと真理を知り、その人の幸せをお祈りすることで、より一層内側が充実していくのです。

No.027

宇宙的な愛で
周りの人の幸せを願うような
心の使い方をすると、
結果を期待しないで
いいことをするようになっていきます。

人はときどき、どうしても自分の成果だけを重要に考えてしまうことがあります。そのために、人を押しのけたり、思いやりがなくなったりするのです。成長意欲もあるとは思いますが、自分を守るという不安からの行動で成長しようとしている側面もあるからです。心が働いて自己防衛をするので、自分の行為が見えていないのです。

自分を着飾り、よく見せようとするのも、心の自己防衛です。私たちは、カルマがある間は行動をしつづけます。心は常に何かを求め、行動を起こさせます。何かいいことをするのも、最初のうちは褒めてもらいたくてしているのです。心を無駄に使っているのです。

そのことに気づき、瞑想をして、真理の道を歩んでいくと、自然にいいことをするようになっていきます。いいも悪いもなく、真ん中にいるようになるからです。そして瞑想も、いいも悪いもなく、「いま」にいることなのです。

心のとんがりを平《たい》らかにして
平和になる

Column 1

無限の静けさと深い愛に出会い、自らが太陽として輝く

人の心は人生を歩むうえで、実にさまざまな感情を味わいます。喜び、怒り、哀しみ、楽しみといった喜怒哀楽から、苦しみや寂しさ、心もとない不安などいろいろなものがあります。そして、一つひとつのできごとや出会う人々に、心をさまざまに働かせ、揺れ動いています。

それらの心の動揺は、いったいどこから来るのでしょうか。実のところ、それらは決して外からやって来るわけではありません。内側の心がそれらを引き寄せているのです。心には過去生からの記憶があり、欲望があって、常

にエゴが要求しています。エゴでいっぱいの心は刺激を受けて、波立つ海のようにリアクションし、揺れ動いて、落ち着きがないのです。

さらに、エゴは自身のこだわりから心を使い、さまざまなことを要求します。何かひとつを満たし、心が落ち着いても、すぐさま心がざわめきはじめます。エゴが「もっともっと」と、また次のことを要求し、このことがエンドレスに繰り返されるのです。

エゴというと「セルフィッシュ」とか「自分のことのみを考えている心」と認識されている人が多いかもしれません。しかし、ここでいうエゴとは、自分・私という意識であり、根底にある意識です。

エゴはさらに、恐れから自己防衛を発達させ、さまざまな心を生み、日々その心を使って生きています。人はこのエゴでいっぱいの心が自分自身だと思って生きているのです。確かに、その意識によって生きていられるわけですが、それは私たちの本質ではありません。

もともと、私たちの奥深くは、決して荒れ狂う海などではなく、無限の静けさが広がった海があり、深い愛と知恵があります。そこには、すべてのものが生み出される源があり、大きな生命の力があり、神秘の力があります。太陽がこの地球の生物を育むように、あなたの中にはあなたやあなたの周りの人を育む太陽があるのです。

外側を満たそうとするエゴの要求を超えて、あなたの内側に光を当てていきましょう。心に感謝と無償の愛をプラスしていくと、落ち着いた生き方、中和されバランスのとれた生き方ができます。エゴを落とすことによって真理に出会い、個を超えて神と一体になることができます。

エゴを超え、大空に輝く太陽のように、誰かに与えていくことのすばらしさを知っていくと、あなた自らが光を放ち輝いていくのです。

第3章

素直になれることば

No.028

これはあなたの修行。
別の誰かの修行ではないのです。

仕事で、周りの人がやらなかったりできなかったりしたことを、あなたが背負わなければならないとき、自分は周りに比べて損していると感じてしまうものです。でも、いま、目の前で起こっている大変なことは、あなたが成長する機会をいただいているととらえましょう。仕事でも何でも、自分がやった分は自分に返ってきます。自分が苦労したら、それは全部、自分の功徳、学びになり、どんなことにも対応できる力強い人になれるのです。

他人と比較せずに、楽しんでコツコツやっていると、周りが助けてくれます。自分が変わると相手も変わります。ときには、相手の成長を願って育てていくような気持ちで、自分から頼んでみましょう。仕事をシェアするとゆとりができ、また、相手に尊敬と感謝を持つことで、相手との間にいい関係が生まれ、相手も喜んで仕事を手伝うでしょう。周りを育てることであなたも周りに育てられ、双方がいい関係になっていくのです。

No.029

優等生じゃなくていいのよ。

優等生は優等生で悪くはないのですが、もしかしたら、失敗を恐れるがあまり、完璧になるようにがんばっているのかもしれません。失敗も学びです。とらわれないでください。失敗したときに「何か不注意があったから、不足していたから失敗したのだ」と責めるだけでは学びになりません。自分を責め、そこに停滞するのではなく、創造性を発揮しながら、より一層楽しんで、そこから何かを生み出していくようにしましょう。たとえば、財布を落としてしまったとしても、誰かが拾って幸せだろうと思うことができるかもしれません。失敗したときはそう思えるようになる学びの機会なのです。

また、完璧な人は近寄り難いものです。多少、失敗するくらいのほうが、親しみやすいですし、より人の気持ちがわかり、人を思いやれるようになります。幅の広い人になって、いろいろな人を受け入れることができるようになるのです。失敗はより幅広い人になるための機会でもあるのです。

No.030

ヨグマタのこと、
お母さんと思えばいいじゃない。

心とつながっているから苦しいのです。心ではなく、愛であり、宇宙であり、神である源の存在とつながることで楽になるのです。しかし、そうかといって、なかなか源とつながることができないでいるから苦しいのです。

ゴルフで上達するためには、いい先生も、性能のいいゴルフクラブもテクニックも必要です。独学では遠回りになってしまうことがあります。源の存在への道にも、そのことをよく知っている人が必要なので、そこに連れていってあげる人、橋になる人、魂のツアーコンダクターであるマスターがいるのです。一番、楽なのは、マスターを信頼することです。信頼してスイッチが入れば、すぐいいエネルギーが流れてきます。一瞬で源の存在とつながっていくことができるのです。

もしあなたが、お母さんのように思うことで信頼できるなら、ヨグマタのことを、あなたを育むお母さんだと思っていいのですよ。

No.031

あなたが変えたいと思う人は、
あなたが変わることの
学びを与えてくれている人なのです。
人を変えようとするのではなく、
相手に感謝をします。

人は、何かと他人のやり方や、間違ったことは目につき、そのことにこだわってしまいます。一方自分のやり方は正しいのだと思いがちです。それは自分を基準にした判断で、ジャッジすると言い、そのエネルギーを発しているのです。たとえ言葉で言わなくても、ジャッジを発せられた相手は自分が受け入れられていないとわかり、居心地の悪さを感じます。また、相手のために助言を与えているつもりでも、ジャッジがあると相手は素直に受けとれないばかりか、心を閉ざすかもしれません。

相手を受け入れ、理解していくために、自分を見つめるのです。自分の心の気づきが相手の心を解きほぐし、相手は変わりはじめます。

あなたの愛を大きくします。自分を愛します。自分を安らがせ、本当の自分に出会っていきます。それによって愛と知恵が生まれ、相手を理解できるようになり、相手も変わっていくのです。

No.032

あなたが感じている苦しみ。
それは、守られたからなのよ。

いま、あなたが苦しみを感じているのだとしたら、それは本質的な成長をしていくためのターニングポイントなのです。自分を愛し、許し、リラックスして自分を見つめる機会をいただいたのです。

私たちは、自分を動かしてくれているもっと大きな存在に、守られているのです。苦しみを感じるのは、そういうつながりを感じるためのサポートをいただいているからです。

これまでがむしゃらにやっても痛みも感じなかった心と身体に、「ごくろうさまでした」と感謝しましょう。

あなたは、もっと大きなところの愛を感じ、自分を見つめ、より一層気づきを持って、成長していく道具である心と身体を大事にしておつき合いするようになるのです。そして、本質の自分へと向かい、永遠の命につながって、その存在からのサポートをいただいて生きるようになっていくのです。

No.033

どんなに小さな仕事でも
感謝してね。

誰でも、つい他人のことを羨《うらや》んでしまいます。大きな仕事をしている同僚の横で、自分の仕事が小さく見えてしまうこともあるかもしれません。でも、大きな仕事をしている人も、他人からは見えない努力をしているのです。もしかしたら苦しいのかもしれません。どんなこともいろいろ学びを通して、成長し、体験を積んでいきます。そうして、いい仕事ができていくのです。

たとえどんなに小さなことでも、いま、自分に与えられたことに感謝します。すべてそれぞれの縁で回ってきますので、与えられたものに感謝し、愛を持って向き合うことには、非常に大切な学びがあるのです。自分の否定的なものを浄化して、誠実ないいエネルギーを得る練習をさせていただいているのです。ネガティブな心を使って行うと、エネルギーが滞《とどこお》ってしまいます。すべてに感謝をして、エネルギーを流していくと、エネルギーは昇華され、終わらせていくことができるのです。

No.034

あなたが浄まればいいのよ。

人は「ああしなさい、こうしなさい」と言われると、たとえどんなにいいことであっても、その人のエゴは聞きたくないといって反発するのです。信頼している人からの愛の言葉でも、1回は反発します。だから、あなたが誰かのためを思って、勇気を出して何かを伝えようとしても、なかなか伝わらず、反発されてしまいます。エゴのレベルで伝えようとすると、なおさら反発されます。本当に愛から相手の幸せを願って言ったとしても、しつこければ、おせっかいになってしまいます。

人を変えようと思っても、人は変わりません。自分自身の気づきが必要です。まず自分が変わって浄まっていくと、相手が平和な波動に同調して、深いレベルから変わってきます。人と人の関係では、同じ波長になると引き合うのです。急がば回れ。自分を浄めながら、相手のドアをたたいていくのです。魅力的な人のところへ人は寄ってきます。

No.035

よく許してね。

人は完璧ではないのです。誰でも怒り、嫉妬《しっと》し、自分を責め、欲望のままに行動することがあります。瞑想は内側を目覚めさせ、浄化を進めるのです。いままで自分を守るために使い、蓄積してきたさまざまな思いが瞑想によって湧きあがり、浄化され消えていきます。同時に心のからくりに気づくのです。

あなたは源の存在から離れ、力をふりしぼり、暗闇の中でがんばって生きてきました。心が慣れたやり方は、手放しがたく、離れるときも、心を働かせ、しがみつこうとします。けれど、浄めることを信頼し、浄化するという新しい心の使い方に切り替えます。光に出会うためのもがきの痛みに気づき、感謝をし、すべてを受け入れてください。

源の存在との架け橋とつながり、神聖さを目覚めさせ、信頼と感謝で、そのエネルギーにつながります。心にふり回されず、楽に自分と物事や相手を理解し、そうして暗闇から光へ、無知から悟りへと、生きていくのです。

No.036

心を空っぽにすれば、夢がかなう。

心が苦しみをつくり出しているわけですが、どうしたら心に影響されないのでしょうか。また、それを手放し、なおかつコントロールできるのでしょうか。

人のいまの意識は顕在意識にあり、さらに深いところに過去に体験したこと、教えられたことが貯蔵されている潜在意識があり、もっと深いところに源の存在から送られた純粋な意識があります。潜在意識は、過去のすべての体験の記憶などによって生じた限定された価値観があり、その想いが、ともすれば、できないとかダメだと思わせて足を引っ張り、夢の実現を妨げるのです。人は、心を自分であると思い、それにふり回され、運命が決められています。

本当の願いを実現していくには、真理を知ることです。そして、創造の源の存在に戻っていくのです。

心を浄化し、心が空っぽになり、純粋な心になると、宇宙が協力して、神の力を得ることができ、あなたの願いはかなうのです。

No.037

アンチエイジングの
秘訣の一部をシェアしましょう。
それは、あなたが
本当の自分に出会っていく
その旅を楽しむことなのです。

若いころは何もしなくても輝いていますが、歳とともにその輝きは失われていくものです。それは輝きが、化粧やおしゃれ、若さといった外側のものだからです。たとえいまがいくつでも、歳を重ねていっても、ストレスを受けず、生命力が輝き、愛と知恵を持って、神秘な魅力を増し、もっと素敵な人になっていく方法があります。それは創造の源の存在からの分身である、本当の自分になっていく旅をすること。その旅で、深いところから心と身体を磨き、魂から輝きが引き出されてくるのです。自分の外側につけた美しさはやがて古くなり、はがれ落ち、死滅していくものですが、この方法は、内側の究極の輝きとの出会いです。もちろん精神的にも若くなります。

肉体的にも、さまざまなホルモンやコラーゲンといった外からのものの摂取ではなく、エネルギーがどんどん内側から満ち、時間さえも超え、年齢をコントロールでき、喜びと感謝に満ち、人生をパワフルに生きていけるのです。

No.038

好きな気持ちで行うことは
長続きします。
それが自分だけが喜ぶものでなく、
みんなが喜んで助け合うものになると、
宇宙の法則に則《のっと》っているのです。

好きなことを楽しくできる人は、自分を大事にしていると思います。何かを行うときの、気持ちがいいという感覚は大事です。それをみんなが喜び合えるものへと広げていきましょう。その感覚は魂が喜ぶもの、生命を生かし合うものです。

人は、自分ひとりでは生きられません。すべての存在はそれぞれが助け合い、支え合い、生かし合っています。偏った癖のある使い方をすると、やがてそのひずみは大変なことになります。もしあなたの身体が元気でないなら、趣味も仕事もできません。心の状態が身体に現れます。心が楽しくないと、身体も元気がなくなり、さらに弱くなって病気になり、やがて好きなことさえできなくなります。これは楽しい、楽しくない、役に立つ、役に立たないと分別して決めてしまうと、人を限定していきます。ジャッジは可能性に限界をつくり、疲れて、やがて生命力が弱くなり、周りにも影響を与えます。

No.039

すべてに感謝を持って行動できると、
好き嫌いがなくなっていきます。

もしあなたが嫌なことを避けているのなら、嫌だと思っていることが、あなたを真に成長させてくれるかもしれません。土台があってこそ、その上に家が建てられます。土台が堅牢《けんろう》で地盤が強いことと同様、見えない部分がしっかりすることが大切です。目に見える華やかさ、飾った美しさは、見えないところの安定があって輝きます。すべて地味なことの上に繁栄があります。

嫌なことは、あなたに教えてくれているのです。嫌なことこそが、乗り越えるための力と知恵、意志の力を与え、すべてに感謝し喜べる、進化した人に成長させるのです。嫌なことこそが、あなたを見えないところから支える「価値ある大切なことだ」と気づくと、変わっていくことができます。

もっと気づきを持って感謝して行動すると、好き嫌いを超え、どんなことも感謝して生きられるようになります。自分だけ気持ちがいいのではなく、みんなが気持ちよくなる調和の生き方があるのです。

No.040

ごめんなさい。
負けるが勝ちです。
素直に謝るのが勝ちなのです。

夫婦や家族は近すぎるがゆえ、ああしてくれこうしてくれと望み、それがかなわぬとケンカになっていませんか。愛が欲しい、もっとこれをやってほしいと要求ばかりしていませんか。お互いに意地を張りつづけるのはよくありません。傷つけ合うのは何のメリットもないのです。「ごめんなさい」と、自分から謝って、気分の悪い空気を、すぐさま一掃しましょう。

相手に期待しすぎず、依存しないで、自分を見つめましょう。感謝しましょう。もっと気づきを深めていきましょう。もっと反省しましょう。そこにいてくれるだけでありがとう。ケンカの相手になってくれてありがとう。ひとりではケンカはできません。もっと感謝します。自分の怒りや不満のカルマ、これらの心を引き出してくれ、気づかせ、一掃させてくれるのが家族。本音の部分でつき合える遠慮しない関係に「ありがとう」と、相手に愛と感謝を送ります。親しき仲にも尊敬と感謝を持って。何かが変わりはじめます。

No.041

子どもは
神様からの預かりものなのですよ。
宇宙からのギフトです。

母親というものは、子どもを命がけで守ろうとする慈愛がありますが、いつもそうではいられません。子どもの行いにイライラし、自分のイライラを子どもへぶつけてしまうこともあります。それは、子どもが、あなたが成長するための教えを、鏡として映し出しているからです。

子どもは、あなたが愛を持ち、許すための練習を与え、学ばせ、あなたのカルマと言われる、さまざまな行為の結果を理解させ、浄め、成長させるために、宇宙からあなたを選んでやって来て、あなたのお腹の中に入ったのです。

何もわからない小さな無垢の存在を攻撃してしまうと、自分がどんどんストレスを受け、曇っていってしまうので、晴れるように、笑いと愛を持ちましょう。まず自分を愛します。そして、子どもを愛します。子どもをひとりの人格として尊重します。自分も子どもも尊重します。あなたが真理の法則がわかるように自分を見つめ、真理の存在に感謝が持てますように。

No.042

自分も両親も納得して
幸せになっていくには、
感謝と、
両親のおせっかいをかわせる、
とらわれない愛が必要なのです。

親がおせっかいで、あなたがそのことに不満を持っていたとしても、それははかりしれない愛なのです。成功をしてもらいたい。何でもできる人になってほしい。勉強ができてほしい。体が丈夫になってほしい。親の願いを押しつけているのだとは思いますが、親は、いい子に育てようとして必死だったのです。間違いを起こさないように、人に迷惑をかけないように——自分がそのように育てられ、一所懸命に生きてきたので、すべてを一所懸命にするのがいいことだと思っているのです。

自分は満足していなくても、あなたには満足して豊かな人生を進んでほしいのです。それは、あなたをコントロールする、利己主義の心に感じるかもしれませんが、あなたを思うからこその、無知からの愛なのです。いったんはその愛を受けとり、感謝していきます。そして、そうしたことにふり回されずに、自分も親も幸せになっていく、とらわれない愛を育んでいくのです。

No.043

あなたが
内側を磨いていくことで
放つ輝きは、
何もしなくても
外側へにじみ出ていくのです。

人前でつい大きなことを言ってしまったり、自慢したり、虚勢を張ったりしてしまう。そのことを自分自身で気づいているのに、繰り返している人もいるのではないでしょうか。それは、競争社会の中で、自己防衛となって、よく思われたいところから、何かを要求し、外側を満たそうとしているからです。他人の評価は、その立場での価値観などで、それぞれ違ってきますから、外側を満たそうとしていると、いつまでも安らぐことはありません。

他人に期待せず、誰かの褒め言葉で外側から満たすのではなく、あなたが自分を愛し、自分を励ましましょう。自分の内側から満足すると、内側からじわじわと輝きを放ちはじめます。そのためにはもっと目に見えない、自分の内側の世界を理解し、心の正体を知り、その欲望にふり回されずに、ただ見守る人になっていく。そうすることで、何もしなくても、輝きがにじみ出ていくようになるのです。

No.044

感じて。愛を感じて。

愛を感じるには、自分自身の曇りをとっていかなくてはなりません。愛は素直にならないと入ってこないのです。「私、私」となると、あなたの中に愛が入っていかないのです。私をなくして無になっていくと、愛が入ってきます。理屈は置いておいて、空っぽの頭になると入ってくるのです。

でも、人はたくさんのごちゃごちゃしたものを持っていて、それによって愛が感じられなくなっているのです。主であるマスターとつながると、そのごちゃごちゃがすっきりして、受け入れ態勢が整います。

インドの人はものすごく信仰深く、信じることでたくさん恵みをいただいています。ひとりで、無欲でがんばることも大切ですが、マスターがいると、マスターが橋となり、浄まって、早く本質の愛につながることができます。マスターは実際に修行し、源の存在とつながった存在なので、橋になることができるのです。その愛を、ぜひ感じてくださいね。

No.045

待つことが大切です。
自分も差し出しながら
待っていると、
相乗効果でよくなっていきます。

現代の生活は、情報があふれ、人は感覚や心を使い、疲れています。感覚や心を浄化して意識を覚醒させていくと、たとえ見ていても、見えるものにとらわれないで、目などの感覚や心を休めることができます。ただ見るという、本当の気づきを起こすこと、これが意識の進化です。

無意識に感覚や心を使っているとエネルギーがそこに集まり、それらが自動的に発達し、働きつづけて消耗していきます。気づきを深め、心を超えるため、至高なる存在につなげる主＝マスターを信頼してください。無駄に感覚や心を使わず、中心につながり、充電される生き方をしてください。その準備の後、本当の瞑想がやってきます。瞑想は何もしません。ただ起きることを待つのです。すると静寂が現れ、その先にある本来の自分に戻っていきます。

同様に人間関係も、求めず、自分のほうからいいものを差し出し、ただ待つのです。すると、深いところから豊かさが生まれ、いい関係になっていきます。

No.046

素直な心と信頼が最も輝いている。
一輪の花のように美しく
「あっ、ほっとする」という輝き。
押しつけがましくない可憐さで。

多くの人が経験されたように、この社会では明日、大地震が起きるかもしれないし、何が起きるかわかりません。時間をかけて築いた物質的な輝きは、一瞬にして失われることもあります。だからこそ、自分の外側にいろいろなものをつけて「私は」というエゴでアピールするのではなく、愛を育み、平和を育み、赦《ゆる》す心を持ち、マスターを信頼し、一瞬一瞬に感謝して生きる。それは物質的な、変化して消滅する輝きではなく、永遠不滅の輝きから生まれ出るものへのアプローチなのです。

信頼する人は、すごく美しいと思います。すごく素直で、他人が安らげるような存在になると、美しい花に蜂が来るが如く、すべてのものが寄ってきます。自然と周りの助けが得られたり、いいお話が来たり。何のブロックもない自分。外側のものを、エゴの欲でさがし求めるのではなく、信頼で、内側からのゆるぎなさを築いていくのです。

No.047

いろいろ、
過ぎてしまったり、足りなかったり
バランスが悪いのは、
その人のカルマで
自動的に選択をしているからです。

エネルギーが混乱していると、気を使いすぎて疲れてしまったり、逆に、気が利かなかったり、空気が読めなかったりします。人は無意識に、そのときどきで自己防衛から、それがベストと思い、自動的にその行動を選択しています。過去に、何か1回嫌な思いをすると、たとえそれがいいことでも選択をしなくなるのです。怖いと眼を閉じたままにして、正しく見ません。

真理の道の実践で、心が浄化され、調和がとれると、出しゃばりすぎず、引っ込みすぎない人になっていきます。直感がすぐれて、深い知恵で、そのときのよりよいものを選択できるようになります。さらに意識が進化すると、あるがままになり、自然に勇気が出て、しっかり見ることができるようになります。自分がいったい、何を選択しているか、どういうエネルギーなのか。エゴや恐れや、混乱の心につながるのではなく、源の存在につながります。そして愛と感謝を選択し、自然に楽に生きていくことができるのです。

No.048

お金とか、一番大事なことを手放して。
最高に大事なものが
呼び寄せられ、手に入る。

源の存在、愛の存在とつながると、それだけで私たちは完全に満たされますので、物質的なものは何もいらなくなり、エゴによる欲求もなくなります。しかしそうはいっても、わかってはいるけどやめられないのが人間です。

たとえば、お金はいらないと私が言っても、「いや、いる」と思うのです。「いや、お金がないと食べていけない」と思ってしまうのです。

しかも、そういう人は持っているお金を生かして使うことをしていません。いくら物質的な豊かさがあっても、使いこなしていないのです。あなたの部屋の中で、どれだけのものを使いこなしているのでしょうか。

エゴが執着しているお金や、一番大事なものを捧げ、手放すと、真理に近くなり、高次からのパワフルな祝福が起きて、よりよいものを呼び寄せるのです。自然と人間関係がよくなったり、物事がスムーズにいくようになったり、病気がよくなるなどの奇跡が起きたりもするのです。

No.049

わだかまりは
感謝と愛で
溶けていきます。

いくら言葉で「感謝しなさい」と伝えても、いきなり感謝はできないものです。まず、「悔しさ」などのネガティブな心を吐き出していくことが必要です。その後ようやく「感謝」ができるようになるのです。あなたはどれくらい感謝をしているでしょうか。感謝もレベルがあり、見える感謝と見えない感謝があります。すべてを肯定的に受けとめると、自分の体と心にエネルギーが満ち、愛が全部に行きわたっていきます。

また、否定的に受け止めると、「わだかまり」ができます。それがその人の中で怒りとしてたまったり、疑惑を持ったり、矛盾を抱えたりといった、くすぶりになるのです。そのわだかまりを溶かさないと、同じような事柄で、同じリアクションをし続けます。わだかまりを許して感謝し、そこに愛をいただくとエネルギーが流れ、すべてが解放されて満ちていきます。そうして身体や、心を超えて、あなた自身が変わることができるのです。

No.050

嫌なことがあったら、
すかさず「ありがとうございます」と、
心の中で思って。

人に攻撃されたら反撃する。皮肉を言われるとその倍以上の皮肉を返すなど、人は嫌なことがあると自動的に反応をします。つい闘争的になってしまうのは、やはり社会が常に競争社会だからです。負けたくないという気持ちがあるのはわかります。特に男性は腰が低すぎると本当になめられてしまうことがあります。優位に立つために相応の態度をとるのがよい、という思いもあるでしょう。嫌なことがあったとき、反射的に攻撃してしまうのはよくないと、わかってはいるがやめられないという人は多いのです。

嫌なことがあったときは、すかさず「ありがとうございます」と、心の中でつぶやいてみましょう。相手に否定的な感情を返すのではなく、自分の心を見つめるのです。自分の中の何が相手に否定的な態度をとらせたのでしょうか。無意識のうちに相手を判断したり、友好的でないそぶりを表に出したりしていませんか。うまくいかない原因は自分の中にあるのです。

No.051

赤ちゃんは
どうしてあんなに泣くんでしょうね。
すごい呼吸法だなあと思って(笑)。
大人も、もう1回子どもになって
やってみるといいかもね。

大人になると、特に男性は人前で「きちんとしなければ」、「いい人でいなければ」というマインドが働き、騒いだり大きい声を出したりすることがなかなかできません。

本当は騒ぎたいのに静かにして、言いたいことも飲み込んでいませんか。赤ちゃんはミルクが欲しいだけで、なぜあんなにありったけの声で泣くんでしょう。見方を変えればすごい呼吸法だなと思います。大人も、1回子どものようにやってみるといいのです。やった後は静寂になれると思います。

赤ちゃんはお母さんのお腹の中では呼吸をしていません。おへそでつながっていることで、心臓は動いても肺は止まっているのです。だから赤ちゃんは泣くことでおそらく肺を鍛えているのでしょう。「ウワー、ハー」などと泣いて、鍛えて、次第に自然な呼吸ができるように、切り替えていくのでしょう。そうやって、生かされながら順に静かな呼吸になっていくのです。

No.052

自分でわかる気づきは喜び。
すごく豊かになります。
マスターのガイドで光への旅へ。

何でもかんでも、誰かに教えてもらうというのではなく、自分で気づいていくことが大事だと思います。自分で気づくということに、とても醍醐味《だいごみ》があるのです。瞑想をし始めると、気づきがたくさんあります。本当に、全部が源の存在へ溶けていくのです。自分が本来の姿に戻るとき、その心のレベルで使っていたことが、テープレコーダーをほどくようにすべて溶けていくのです。すると、価値観が変わっていき、いろいろなことが見えてきて、さまざまな気づきがあります。「あっ、わかった!」と、いままでどうしてこんなに重かったのかと、わかるのです。気づきは、また新たな気づきをもたらします。

ただし、否定的な思い方をする人は、湧きあがる思いがつらいものになるかもしれません。本来瞑想はマスターの指導なしにはできません。なぜなら潜在意識には、途方もない記憶が眠っているからです。そこに入っていくには、強力な光の存在のガイドであるマスターが必要なのです。

No.053

限定された意識の中で
生きている自分から
深い瞑想で
本当の自己に会う。

人は源の存在から分かれた完全な存在ですが、不幸なことに、多くの人は、その本当の自分を知らず、限定された意識の中で生きています。瞑想することでその尊い存在に出会えるのです。本当の自己に出会うのです。

悟りを得た瞑想の師に出会い、瞑想が始められることを願っています。スポーツでも芸術でも、どんな道でも、極めていくのには、正しいコーチが必要であり、つづけることが大切です。それは真理への道でも同じです。

単なる瞑想ではなく、真理のための瞑想をしましょう。それは命をいただきつづけていく回路を、さらに強力なものに、最短で構築していくためのものです。ときには、ずぼらでもいいのです。しかし死に物狂いで行うときも必要です。そうでないと、日常に埋没して真理を見失ってしまいます。私との出会いで、高次元のエネルギーをいただき深く浄めることができます。合宿では、一気に変容して、生まれ変わり、深い瞑想者になり、本当の自分に会うのです。

No.054

悲しみを楽しさで埋めるような
エゴの満足は
本質の癒しではありません。

悲しみや怒りなどネガティブな感情を、人に親切にするなどしてごまかしたり、ポジティブに変えようとがんばったりと、人は懸命にバランスをとって生きています。でも、それらはすべて心を消耗させる手法なので、やがて疲れてしまいます。マインドのレベルで何かをやっても、どんどんエゴが強くなっていくばかりなのです。悲しみを楽しさで埋めれば、一時的には満足するかもしれませんが、それはエゴの満足であって本質の癒しではありません。

ネガティブな感情は、過去のできごとにおいて、心にあるエゴがそのときに満たされなかったことを恨むことで生じるのです。無知だから、それを知らないだけなのです。いま、また何かのできごとで同じ感情が湧きあがるのは、癒しのチャンスなのです。エゴにとらわれた心から、純粋な心に戻ってみましょう。本当のあなた、愛の存在であるあなた自身につながり、ネガティブな感情を許します。それが、真の癒しです。

心がとけると素直になる
素直な美しさに出会う

Column 2

素直になるとは本当の自分を信頼すること

スポーツや芸術などで何かを習得するときでも、学問を学ぶときでも、コーチや先生のアドバイスなどを素直に受けとることができる人は、その上達が早いものです。

しかし、誰かに何かをアドバイスされても、なかなか人はそれを素直に受けとれないものです。人との関係でも、素直になれず意地を張ったままになっていることが、誰にでもあるのではないでしょうか。そして、素直になりたいと思っているのではないでしょうか。

第4章

宇宙の根源とつながることば

No.055

我を張ると自分になる。
捧げると宇宙になる。

人と人との関係で、頑固で意地を張って心を閉じていると、いつまでたってもわかり合うことはできません。そんなとき、握手しましょうと仲直りをすれば、気持ちがよくなるものです。お互いの関係が発展し、ときには何か大きなものが生まれることもあるでしょう。欲望や自己防衛、「私は私」といったエゴの固まりを溶かし、さらにもっと大きな自分になっていきます。我を張ると自分でしかありませんが、我を溶かすと大きな宇宙になっていきます。

エゴは、固まりだからこそ存在感があると思いがちですが、それは単なるブロックです。エゴは、「自分を失いたくない」「自分がなくなってしまう」と言って、心が、もっと大きな愛の存在、根源の存在に溶け込むことを恐れます。私たちはもともと、根源の存在、つまり神から生まれ、分かれて別になったのです。エゴがそこに溶けていくと、本質のあなたである根源の存在とひとつになっていくのです。

No.056

相手の魂を信じなさい。
相手の魂を愛しなさい。

人間関係で、注意や攻撃をされたとき、それに反応して怒りが湧きあがるのは、己のエゴが原因です。エゴのレベルで葛藤《かっとう》しているのです。エゴは、本当のあなたではありません。相手のものでもありません。

私たちはみな、宇宙の大きな愛によって生かされていて、学びのためにこの世に生をいただいています。みな神の子で、魂はつながっています。宇宙の愛、神である源の存在から分かれてきたので、相手に神を見ます。相手は何かを教えてくれているのです。神様の使いとして、何かバランスの悪いエゴの存在を知らせ、それを浄化するためにしているのです。

エゴが反応して起きた感情は、学びをいただいているということ。相手に感謝し、その奥にある純粋な存在を信じて尊敬しましょう。外側のもので判断せず、相手を、学びをいただく対象として、それを信頼して、幸せを祈っていく気持ちで愛していくのです。

No.057

私たちは、広大な宇宙からみれば、
砂粒ひとつほどの存在です。
どんなに小さくても
宇宙の愛の存在なのです。

私たちは広大な宇宙の中の、小さな惑星である地球のさらに小さな存在で、宇宙からみれば砂一粒ほどの大きさです。そんな小さくても、私たちの身体は、広大な宇宙と同じ素材が集まってできています。私たちの身体も宇宙なのです。そこに神の知恵が働き、生命エネルギーが満ち、さらに愛が働いて、生かされているのです。私たちは宇宙の愛から送られてきた存在なのです。

この地上で生きる私たちに、悩みは尽きません。なぜなら、自分の小さな悩みは、もともと、人々がより成長して浄化するプロセスの中で現れてくれているからです。気づきを与え、よりクリエイティブに愛の存在として成長していくために与えられる学びなのです。

あなたがいまよりももっと、見返りのない宇宙の純粋な愛を思い出し、それを大きくしていくことは、もともとの神聖な存在に還っていき、永遠の安らぎを得て幸せになっていくことなのです。

No.058

エゴを捨て、心を自由にし
すべてをゆだねると、
本当のメッセージがやって来ます。

日々、私たちの日常の中には宇宙からのメッセージがあふれています。けれども、それに気づくことなく過ごしています。

自分への信頼を強めてみませんか。エゴを捨て、自己保身を捨て、欲望を捨て、すべてを神にゆだねるのです。自分を送り出した源の存在に意識を合わせてみましょう。そこに愛があります。あなたのエゴがとれるとそこに無限の愛が現れ、本当のメッセージがやって来ます。

あなたがもしエゴの心で源の存在からの〝無限の愛〟にチャンネルを合わせたら、初めのうちはうまくいっているように思えるかもしれませんが、やがてメッセージは混乱をきたします。エゴの次元のメッセージは、あなたをコントロールしようとします。あなたの意識は分離し、人生が台無しになってしまうかもしれません。覚醒した意識でいることが大切です。こうした内側の開発にはそれをよく知るマスターのアドバイスに耳を傾けてください。

No.059

問題が現れるのは
宇宙がバランスをとるために
あなたに浄化する力を
与えてくれているのです。

大きな宇宙はさまざまな転変地変を繰り返してバランスをとっています。人は心と身体と魂からなる、小宇宙のような存在です。この小宇宙の調和を乱す悪い行為や言葉、思いは、心、身体、魂、つまり小宇宙に葛藤を起こさせます。そのため混乱したエネルギーとなって病気になる、物事がうまくいかないなどの問題を引き起こすのです。

これらの影響は、大宇宙にも広がります。宇宙はそれを察知して、もとのバランスのとれた、平和な状態に戻そうと力を働かせるのです。何か問題が起きるのは、宇宙がバランスをとろうとしているからです。それに気づくことで、さまざまな学びがあります。

宇宙の生成から消滅の姿は、「生まれ、浄化しながら、成長し、やがては終わりを迎える」という姿と同じです。私たちもまた、同じプロセスで少しずつ成長と進化をしていく、宇宙の広大なサイクルの中の存在なのです。

No.060

この心、身体、魂は、宇宙のひとつです。
その中の小さな存在、
細胞も宇宙なのです。

広大な宇宙、そこには数えきれない星があります。その中で星が生まれ、消えていっています。この地球の生物も生まれ、生き、そして死んでいっています。それらはいったいどこから生まれ、どこに消えていくのでしょう。その生成と消滅のドラマ、それがつくられる源の存在があるのです。この目に見える世界のみではなく、バランスをとる見えない存在があります。

人はそれらの正体を知りたくて、宇宙科学を発達させました。この世にあるものの起源を知りたくて、さまざまな科学も発達させてきました。

しかし私たちはいったいどこからやって来たのか、科学ではその真理、神は解明されないのです。人間が神の力で創造され、存在から生まれ、生き、死んでいく。そのサイクルは神秘の謎に包まれたままです。大きすぎる宇宙の源に達することはできませんが、小宇宙の私たちは内なる実践の旅、サマディへの旅によって、すべてを知って悟ることができるのです。

No.061

宇宙には、
最先端の科学を超えた、
はかりしれない
不思議な世界があるのです。

私たちを含む、形のある物質を構成する最小単位の原子の中には、さらに原子核、中間子、電子があって、バランスがとれています。さらにそれらは素粒子となり、それは波動であることがわかっています。これらが最新の科学、最小の物質を扱う、量子物理学の発見です。こうした最先端の科学は、ものを数字で測れる範囲を解明するものです。そして人間も宇宙と同じ構成要素でできています。

はるか昔、いまから5千年以上前、驚くことに、ヒマラヤ聖者はすでにそうした最小の物質を究め、それを超える世界に達し、それをコントロールしていたのです。修行により、はかりしれない世界に到達し、最小の物質がさらに何でできているのかを発見し、それらを超え、究極のサマディ（悟り）に達したのです。そして、人間の源の存在である神に出会い、心身から自由になり、その偉大な神に等しい力を得ていたのです。

No.062

宇宙の真理はあまりにも奥深く、
普通は目に見えず
感じることができません。
無知のまま生きる姿が
普通の人間の姿なのです。

意識とは何か、神とは何か、心とは何か、身体とは何か。真理の探究とは何か、それらをつくりあげる源の存在、一なるものを体験によって知っていく、それがサマディの科学です。サマディは、時間と空間を超えていまにある意識に入ります。人は心と身体の奥にある本当の自分を知りません。限定された意識で生きています。そのために苦しみが発生するのです。源の存在からやって来たことに気づかず、ただ目の前のことにふり回されています。

私はサマディで源の存在と一体となり真理を知りました。すべての生類は生命や宇宙の源からの恩恵である祝福で生かされているという、尊い真理です。そして源の存在と人々との架け橋となり、人々にアヌグラハという源からの恩寵（ブレッシング）を与えることができる存在になりました。このブレッシングはレーザーのようにあなたの内側深くに染みわたり、あなたの心身を変容・再生させ、平和と愛とパワーを引き出す力を秘めています。

No.063

より深く物事のいろいろに気づくと
よりいっそう素晴らしいアイデアで
創造的に生きていくことができます。

世の中でより健康に幸福に生きるためには、正しい選択や感覚、正しい心の働きが必要です。肉体と心を深いところから支える存在は魂であり、それが本当の自分です。さらにそれを超えると、創造の源の存在があるのです。すべて超えたところに源の存在はあり、曇った心と肉体はそこから遠くにあるのです。瞑想で心と身体の曇りをとり除き、空っぽになって、深い静寂が訪れたとき、本当の自分と一体になれます。そして、真理を知ることになるでしょう。その体験をした後は、あなたが社会に出たときに、常に平和で愛に満たされ、判断する心ではなく、楽な心で生きていくことができます。

感覚を超えた直感のレベル、あるいは深いところから物事がいろいろ見えるようになると、全体がよくわかるようになります。部分だけを見て判断する心でなく、全体を見てパッと本当の知恵が湧いてくると、よりいっそう社会においても素晴らしいアイデアを持って生きていくことができるのです。

No.064

深く瞑想をして、
自分の心と身体がわかると、
すべてのことがわかります。
死んでからの世界のことも。

私たちは、本当の自分に出会うために、自分自身の内側に真理への旅をします。内側の微細なエネルギーの、音や光の瞑想の技法を用いたり、知恵を使ったり、さらに、高次元のエネルギーの技法や、気づきで、見えないところを目覚めさせ浄化します。変容し、執着が溶け、理解して、さらに深いところに入っていけます。やがてアヌグラハの恩寵で、本当の自分に出会い、さらに、源の存在、大いなる存在と一体になっていくのです。これはものすごく素晴らしいことなのです。

私たちの心と身体は宇宙です。私たちが見あげる空、そこにある大宇宙と同じシステムを持った小宇宙です。そのすべてを知るのです。眼や耳はどう機能しているのかはもちろん、生理学や、心理学、経済学、政治学、細胞学、さらに原子力のようなエネルギーのこと、霊的なこと、魂のことも、宇宙のことも、死んでからの世界のこともわかるようになるのです。

No.065

いま起きていることは、
すべてが
浄化のためのプロセスです。

何かをやると決めて一所懸命とり組んでいても、心はどうしても、グルグル、ゴチャゴチャと考えてしまいます。集中力がないと、心は知らないうちに考え込んでいたり、ジャッジしていたり、心配していたり、分析していたりするものです。瞑想の秘法をいただいて瞑想すると、集中力と意志力がつき、コツコツと続けられるようになります。その秘法のひとつに、聖なる音の波動があります。瞑想を行うと初期は雑念が浮かびますが、それは浄化していく姿なのです。いま起きていることは、すべてありがたく、浄化のプロセスで、それは宇宙の真理につながるのです。ですから信頼を持って受けとり、つづけていくことが大切です。心はすごく頑固で強く、ずっと生き延びていこうとします。神の恩寵で、深い瞑想に導かれると、心身が静寂になります。一方で心の動きは、生きている証拠。だから心が動いたときは、「生きているんだな」と、高いところから見つめる目を持つといいでしょう。

No.066

膨大な時間をかけ
時代を旅して
大いなる宇宙へと還っていくのです。

ヤ[10]ギャとはインドの護摩焚《ごまだ》きの火の儀式。悟りを得た聖者がヤギャを行うと、火と祈りのパワーと深い信頼で、さまざまな願いが宇宙空間に届けられ、火の変容のエネルギーとともに、願いがかなえられていきます。

私たちの内側にも火のエネルギーがあります。ヒマラヤの聖者は、プ[11]ラーナという生命エネルギーの扱いを熟知し、プラーナを強化させ、火のエネルギーを起こします。心身の悪いカルマをどんどん燃やし変容していきます。それはアヌグラハク[12]リヤという強力な秘法でできます。

本来、人は、はかりしれない回数、輪廻転生という生死を繰り返して進化していきます。ヒマラヤの聖者は心身、魂を最速で浄化し、変容させ、進化させ、奇蹟を起こします。

このアヌグラハクリヤの祝福を受けると、一気に変容して、静寂が深まり、源の存在、大いなる愛の宇宙へと還っていくのです。

No.067

私たちの肉体には、
宇宙と同じ要素があって
バランスがとれているのです。

体のことを小宇宙というように、肉体は宇宙と同じ要素でできています。そこには、土、水、火、風、空と、宇宙の5つの要素がすべてあります。大きな宇宙がバランスをとって存在しているように、私たちの肉体もバランスがとれています。相互に引き合う力が混乱し、バランスがとれないと、体調をくずしたり、病気になったりします。

たとえば心身の疲れでバランスがくずれ、ちょっとした風のエネルギーに敏感になると、風邪を引くことがあります。身体の冷えは、神経を使いエネルギーが消耗しているときに、火の要素が不活性でエネルギー不足になるからです。また、代謝を促進し若返るには、お腹の火を燃やすのがいいのです。このように身体は、宇宙の要素が深くかかわっています。ヒマラヤの叡智は、宇宙の5つのエネルギーに学び、それらを瞑想で目覚めさせ、浄め、強化します。コントロールする力と自然の力を得ることで、自由に生きていくのです。

No.068

価値観でなく、
愛でリアクションすると
平和が訪れます。

私たちはいままで、何生も生まれ変わり、魂の成長をつづけています。カルマは生きた行為の結果であり、凝り固まった価値観をつくります。内側が目覚めることで、カルマをつくる価値観に気づき、それを溶かしていくことで、源へ還ることができるのです。

人は普段、心が働き、心が自分そのものだと思っています。心は事あるごとに価値観のフィルターを通して反応しています。善行を積み、内側を目覚めさせ、カルマを浄化すると、持っていた価値観とその反応がわかりはじめるのです。その価値観を超えて、愛に変えていきます。そうして、いいカルマを積んで、何事にも愛で反応できるようになっていきましょう。内なる平和が訪れ、さらに、世界も平和になります。それは、人の心がこの世界に映し出されているからです。

あなたとあなたの周りのすべてが平和でありますように。

No.069

自分がやるのではなくて、
すべて、無限のパワーによって
自然に導かれていくのです。

人はまるで自分ひとりで生きているかのような錯覚を持ってしまうことがありますが、そうではなく、私たちはこの宇宙のバランスの中で生かされています。ですから、何かをやるときも、無駄な力を抜いて自然の流れにまかせていくのがよいのです。力みがとれると、自然にいいほうに向かっていきます。神のパワー、無限のパワーが来てやってくださるのだから、大丈夫という気持ちでやれば、自然に導かれていくのです。

「自分でやるんだ」と思うとマインドに力が入って、スムーズにエネルギーが流れません。かえって力が入り、緊張のほうにエネルギーが流れてしまいます。

私たちは、目に見えない大きな力によって、すべてのことを、学びとして体験させていただいています。何をするにも「自分を使ってください」と、そういう気持ちでやっていくと、一瞬一瞬を楽しめるようになれるのではないでしょうか。

No.070

がんばってもうまくいかないのは、
心を使う生き方だから。
宇宙の真理である本当の生き方は
内側を浄めて超えていくこと。

誰もが、より豊かになりたいと思い、必死に幸せを求めています。一所懸命生きていればいいことがあると思って、がんばっているのです。でも、宇宙の真理を知らないと、懸命に何かを達成しても、その都度、また次の問題がやって来ます。人はそのことを知らないために、ひたすらがんばって自分を肯定していこうとします。あなたはいままでがんばってきました。本当によくやってきました。でも、いまの生き方で本当に幸せですか? もっと楽に生きる方法があるとしたら、どうでしょうか。

がんばってもうまくいかないのは、心を使う生き方だからです。だから苦しいのです。本当の生き方とは、内側を浄めて超えていくこと。問題があっても、それを学びとして受けとれるよう、高次元のエネルギーに信頼でつながって、肯定的なエネルギーを強くしていきます。神聖な存在からのパワーをいただくと、問題を乗り越えられる生命力と知恵も湧いてくるのです。

No.071

あなたが幸せだと
幸せの波動が出て
周りの人も幸せにします。

ときどき、自分では怒っているつもりがないのにむっとしているように見られる人がいます。これは、そのときどういう波動を出しているかによるもので、いま、むっとしていなくても過去にずっとむっとしていた、その波動が染みついてしまっているのです。このように多くの人は、自分がどのように見え、自分の心がどういう波動をつくり出して、どういうものを外に出しているかということがわかりません。服装や表情など、見え方については気をつけている人も多いかもしれませんが、心はどうでしょうか。

自分の心だから悲しもうが怒ろうが自由だし、やりたいことをやっても人には迷惑をかけていないと思ってはいないでしょうか。でも、人の心の状態は波動となって周りへ影響します。あなたの心が苦しめば、周りの人も苦しみの波動を受け、幸せなら周りの人も幸せになります。気づきを得て解放され、自分と周りの人にいい波動や幸せを与えられる存在になってくださいね。

No.072

私たちは宇宙の一部、
自然の一部の自然の子。
自然性をとり戻していきましょう。

私たちは宇宙の銀河系にある太陽系の地球に生きていて、いわば宇宙の一部であり、地球の一部です。自然の中の一部、自然の子なのです。すべては、自然の法則によって成り立っているので、私たちの中にも自然の偉大な力があります。でも、無知ゆえに、いろいろな欲望で内側が混乱してしまい、自然性を失っているのです。

自然というのは、常に調和を保とうとします。災害も温暖化も、地球の状態のバランスをとろうとしている姿です。身体もバランスが崩れると、悩んだり苦しんだり、病気になって、バランスをとり戻そうとします。これは、学校では教えてくれない学び、真理の知恵です。

たくさんの深い浄化を行い、気づきを得て、余計なものを全部溶かし、本来の姿へ戻って、自然性をとり戻していきましょう。そうすることで、病気にならない身体、ストレスを受けない心になっていきます。

No.073

内側の自然が豊かになると
あなたの太陽が輝きだします。

自然に触れるとすごく心が落ち着きます。山の美しい稜線、波が光る海、川のせせらぎ、土の匂いや肌をつたっていく風、そういう自然の波動は、心を穏やかにさせたり、元気にさせます。そこにはパワーもあります。

私たちの内側にも自然があり、宇宙があります。太陽があり、月があり、水があります。心身を浄め、それらに気づいて、学び、磨くことで、自然のパワーを目覚めさせることができます。大地はすべてに慈愛を与え、水は自由で、洗い流す力があります。太陽は大地に光を照らしています。

肉体は大地ですので、心がカルマで曇っていると、太陽がかすんで現れず、肉体は元気になりません。心の曇りをとると、太陽の魂、源の存在に出会えます。自分の根源に還ると、太陽からのパワーと愛と平和で、心と身体が満たされるのです。そのプロセスが人生であり、いまはそのちょっとしたプラクティスをしているのですよ。

No.074

天国は死んでから行くところじゃない。
いま、いま。

真の豊かさとは、物質的に豊かになるのではなく、一人ひとりの小宇宙の調和をとって再生していくことにあります。再生というよりは、もともとあるそういう力を引き出していくのです。「いま」にいて、本当に安らかで、平和で、あるがままの状態で、すごく満ちている。何かをやって達成感を得て自分を満たしたり誉めてもらったりではなく、そのままで満たされている。生きていると嬉しくないこともあるかもしれないけど、そういうことも、必要なことで、何の無駄もない。病気も無駄ではない。勉強するために与えられたので、「ありがとうございます」と感謝します。

人生には何の無駄もないのです。素晴らしいのです。生きていることはものすごく素晴らしい。天国は死んでから行くところではありません。いま、あなたの心が本当に変容すれば、そこが天国なのです。本当に、もう素晴らしい。この世は素晴らしい。みなさんも素晴らしいのですよ。

No.075

物や人、体験に対する執着する心。
それを手放すと、
すっきり軽くなります。

「断捨離」という言葉が聞かれるようになって、しばらく経ちました。人は、いろいろなものに執着をして、これは絶対手放せないというものがそれぞれあると思いますが、その執着には、実は依存関係があって、それによってものすごくエネルギーを消耗しています。だから、家にあるいろいろなものを手放すと、すっきり軽くなる感じがするものです。執着する心はものだけでなく、人に対してやそれぞれの体験に対しての場合もあるでしょう。

執着する心を手放すことは、本来の自分に還っていくひとつのプロセスですが、そこに人は恐怖を感じることがあります。そこに欲が働くと苦しく感じます。形のあるもの、見えるものに意識があって、それが自分だと思っているからです。心が自分だと思っているので、心を手放すことが自分ではないものになっていくように感じてしまうのです。でも、それは、ちょっとした勘違いです。だって本来の自分に還っていくだけなのですから。

No.076

こだわりを超えたその先に
本当の自由が待っています。

人は日常の中でいろいろなものにとらわれています。でもそういった目に見えるものにしがみついていると不安は消えません。家族を亡くしたり、大事なものを手放したりする体験は、大変な恐怖を感じます。自分は魂であり、愛であり、神と一緒であるという意識があれば、満たされているので恐怖はないのです。でもほとんどの人は目に見えるものしか信じないし、心のレベルにいるので恐怖があるのです。

人はこだわることで安心を得ているのですが、実のところそれは負担に感じるものです。安心しているはずが、不安から離れられない状況をつくっているだけなのです。本当の自由になるには、そういうものを手放し、自分を解放するのです。自分のこだわりに気づき、心の奴隷になっている状態から本当の自分になると、すごく楽になります。魂が自由で、平安になります。他人に愛を自然に差し出せる自分は、こだわりを手放した先にあるのです。

No.077

水は川になり
川が大きな川に溶け込み
大きな川が海に溶け込んでいくように
私たちも大きな愛に溶け込んで
ワンネスになっていくのです。

真理への道を歩み、心や身体のいろいろな執着が外れて自由になっていくと、もっと大きな愛の中に自分が溶け込んでいきます。ヒマラヤの雪解けの水が、いろいろな山から流れて小さな川となり、そのたくさんの川が大きなガンジス川に溶けて一緒になっていくように、私たちも宇宙の大きな愛に溶けていくのです。それをサレンダー*13といいます。

あなたの心があなたの魂に溶けてサレンダーをするのです。あなたの魂がもといたところに、宇宙の根源に一体となっていきます。最後に川が海の中に流れて溶け込み、海となってエネルギーがひとつになっていくように、私たちもひとつになっていくのです。

いま、それぞれのエネルギーが交錯し、混乱して八百万のエネルギー、八百万の意識があるのですが、それがひとつの至高なる意識に溶けていきます。それが、ワンネスになるということです。

No.078

学校の勉強でも
素直な気持ちで、
空っぽの心で聞かないと、
知識が入ってこないのです。

何事も「あーだ、こーだ」と文句ばかり言っていると、新しいものが入ってきません。子どもは疑いもなく素直で、心にたくさんのスペースがあるので、吸収し成長するのが早いのです。大人は心の余裕がないので、いったん心を空にして自分の考えを脇に置き、一度聞いていいものはとり入れるという姿勢でいることが非常に大事です。学校の勉強でも、先生が言うことを、素直な気持ち、空っぽの心で聞かないと、知識が入ってこないのと同じです。

源の大いなる存在に還る道でも、心の中に疑いがあると、新たなものは入ってきません。無心になって無になると、入ってきます。エゴがあると、疑ったり「イヤだ」と言って拒否したりします。無心になるというのは、エゴをはずして心にスペースをつくるということなのです。私が伝える言葉をそのまま信じなくてもいいのですよ。自分の直感で、そして真理への道の実践をしていけますように。

No.079

自殺をしても
心の苦しみは終わりません。

日本では自殺者の数は1年間に3万人以上、人口に対する比率が世界の中でも高く、交通事故死よりも多いのだそうです。自殺をする人は、命を絶てばすべて解決するという、根本的な誤解をしています。死んだ後のこと、次の人生を考えずに、エゴがいまのことだけを考えさせてしまうのです。自殺をしても、心は消えず、心の苦しみは終わりません。エゴによる心の誤った判断で命を断ち切ることは、その人の魂に大きな傷を残すことになります。

私たちは、真理に気づき、創造の源、宇宙の愛へ還っていくために、この地上にやって来ました。自然に生き、生をまっとうしていく中で、無償の愛を与えていくために生まれてきました。この体は宇宙の神がくれたプレゼントです。いま、与えられたことを一所懸命に行いましょう。すべてを学びとし、自分を愛し、人を愛し、無償の愛、宇宙的な愛を豊かにしていくのです。

そうすることが自殺を少なくすることにつながっていくと思います。

No.080

雑念に耳を貸しません。
聖なる音に意識を合わせます。

内側に聞こえるささやきは、多くの場合、雑念です。ささやきには耳を貸さないでください。一方、私がディクシャで伝授する聖なる音は、瞑想の秘法です。その音の波動を育てていきましょう。そのパワーはエゴから生じるささやきをすべて浄化します。その波動は神のエネルギーでもあり、あなたを守り通していきます。内側にも音があり、それはナーダといいます。

さて、伝授された聖なる音の波動、神秘の波動は、その波動の種類によっていろいろな効き方をします。これらは、神という根源からの音であり、そこから生まれたエネルギーです。この聖なる音の波動は、心と身体を整え浄める科学的な作用があります。心の中の毒を溶かし、バランスをとります。波動は心ではありません。心を超えた源に連れていってくれる乗り物です。

源には、大いなる存在、宇宙の源の存在があり、安らぎがあり、愛があります。そこから愛の波動が、あなたの外側や世界へと広がっていくのです。

あなたは宇宙
その中の純粋な存在に再会する

Column 3

私たちの中に宇宙のすべてがあり、その根源に神がある

宇宙には無数の銀河があり、その中にたくさんの星が存在しています。この広大な宇宙は、すべて調和がはかられています。そのバランスの中で生まれたり消滅したりして存在しています。宇宙の中のひとつの銀河に太陽系があり地球があります。その地球で生きる人も宇宙の中の一部であり、宇宙のバランスの中で生きているのです。

宇宙に存在するものはすべて、私たちもみな、創造の源の存在、一なるものから分かれて生まれた神の創造物です。

私たちの中にも、太陽、月、惑星と同じ役割の存在があります。私たちは、広大な宇宙の中の小さな宇宙で、それらと同じもので構成されているのです。

もともと私たちは、目に見えないところの源の存在から、まず、生命エネルギーであるプラーナが送られ、さらに物質の源の存在が送られて、それが次第に目に見える形へと現象化してきました。それを「ディセンディング」といいます。まず、見えない空《くう》が現れ、風が現れ、火のエネルギーが生まれます。火によって水のエネルギーが生まれ、水によって土のエネルギーが生まれ、目に見える肉体となっていきます。

また、私たちの体の中には、普段は見えない存在があります。まず、アストラルと呼ばれる微細な体があり、その中にコザール体という魂が宿るさらに微細な体があります。それをもっと細かく分けると、肉体、感情の体、霊の体、思考の体、音の体、光の体、意識の体という、全部で7つの体になります。人は心が発達しすぎて、心の欲望でいろいろなものを引き寄せ、それが塊となって心を覆っています。そのために、自分は神から送られた小さな宇宙であることを忘れ、内側で混乱しています。これがすべての苦しみと不自由をつくって、進化を妨げているのです。瞑想をして自分の身体の中の宇宙を体験し、その源に還って、本当の自分に出会うことで、すべてが完成されるのです。これは意識の進化の道であり、この源に還ることを、アセンディングといいます。

心の曇りで覆われた小宇宙を浄め、目覚めさせると、宇宙の神秘や神の御業を知ることができます。そして、心や身体を超えることとは、源の存在、本当の自分に還っていくことにほかならないのです。自分自身がマスターになり、心や身体のしくみを知り、それをコントロールする。そうするとバランスのとれた状態にできる力を得られるのです。

第5章

真実のあなたを知る愛のことば

No.081

愛を持って立ち向かうなら、
すべてはうまくいきます。

愛にはいろいろあります。その人のカルマによって、言葉によって入るスイッチは異なります。愛から男女の愛を想像する人もいれば、両親や、周りの人に愛されたいというような愛を連想する人もいるかもしれません。

ここでいう愛は、欲望の心をとり払った奥にある純粋な愛です。もっと大きな愛のことで、エゴのない愛、慈愛、それさえ超えた愛、宇宙的な愛、根源的な変わらない愛です。

愛は進化します。好き嫌いなどのエゴの愛を浄化し、変容して、母のような慈愛、さらに差別のない自然な愛、そして神のような愛になっていくのです。自分の心を浄化し、無心になり、心の奥にある、ハートのセンターを目覚めさせ、浄め、それを超えていくと、そういう個を超えた宇宙的愛があるのです。その宇宙的愛につながって、行動します。見返りを期待せず、心の動揺をなくし、純粋な愛の心を持てば、すべてはうまくいくのです。

No.082

ハートを自由にしてあげてね。

「〜せねばならない」ととらわれ、体裁で生きることは不自由で、いいことをしたとしても長くつづきません。相手に親切のつもりで迷惑を押しつけていることさえあります。たとえ人生を謳歌しているとしても、エゴの赴《おもむ》くままにしていたら、それは本当の自由ではありません。欲望を満たせば心は満足するかもしれませんが、本質のあなたは満足しないのです。

目覚め、気づきが起こり、それを超えると本当の自由でいられるようになります。よく思われたい、ちゃんとしたいというエゴの満足なのか、それとも自分の深いところの愛からなのか、魂が望んで喜んでいるのかがわかるようになります。価値観や心のとらわれをはずしハートを自由にしていくと、リラックスし、平和な心で客観的に見つめられるようになっていきます。深い瞑想をすることで、執着しない、深い愛が出てきます。そうすると、自分も周りの人も愛せるようになり、本当の自由を得られるのです。

No.083

あるがままの自分でいいのです。
すべてを満たしている
源の自分を再発見するのです。

あなたの中には、どんな心の働きがありますか。一時の楽しみを失いたくない、それにしがみつく執着の心はありませんか。欲望を満足させて、幸せや悲しみを味わいながら、あちこちに幸せを探しあぐねる自分は、どこを目指しているのでしょうか。人は、前ばかりに進んできたので、何かをしなければ、とどまることができません。心が自分自身だと思い、心の思いにとらわれ、限定した見方、感じ方しかしていないのです。

あなたはすべてを知り、すべてを超えている存在から生まれました。安らいでいて、不動で、すべてが満ちている何の心配もない存在なのです。あなたはどこに行かなくてもいいのです。すべてはあなたの中にあるのです。本当の自分は素の自分。何もしないで、ここにただある、そのままの自分でいいのです。それを知ることは、あなたがあなたのマスターになることでもあるのです。

No.084

純粋な存在は
いつもあなたを生かしてくださる。
あなたという存在を
深く愛しているのですよ。

いま、自分のことをどのように思っていますか。好きですか、嫌いですか。いずれにせよ、それは本当のあなたではありません。誰の中にも、本当の自分がいます。愛の源である魂、根源、つまり、すべてをつくりだす存在です。

心が澄んで、好き嫌いがなくなり、心の曇りがなくなり、無心になると、本当の自分が現れてきます。逆に、心が不安や不平不満でいっぱいになり、感謝がなくなると、ストレスを感じます。でもそれは心の世界のこと。人の世界では、存在の源、本当の自分は遠くにあります。

本当の自分がもっと現れるように、まず、本当のあなたに感謝しましょう。心に感謝し、身体に感謝し、周りのすべてに感謝するのです。そして、「私は、いつも私を生かしてくださる、本当の自分という存在に深く感謝し、愛していますという思いを持ちます。そうすれば、深い源の存在に愛と信頼でつながります。その存在があなたを愛し、あなたに輝きを与えるのです。

No.085

与えられているものの
尊さがわかることが、
悟りへの道です。

私たちは、こんなにいろいろな機能が備わった美しい心と身体をいただき、自然の恵みの中で生かされ、生きています。そのことに、人は気づいているのでしょうか。常に不足を嘆き、自分を生かしきっていないのではないでしょうか。いろいろ与えられているものに目が向かず、感謝が足りないように思います。こんなに素晴らしい機能をいただいているのに、そのことに気づかず、自分を汚す心と身体の使い方をして生命力を浪費しているのです。

無知ゆえに、人を知らず知らずのうちに傷つけてきたかもしれません。競争社会で勝ち抜くために、自分を責めたり、人を憎んだりしてきたかもしれません。感謝をせずに、要求ばかりして困らせたかもしれません。私たちにすでに与えられているものの尊さに気づくと、そうしたいままでの数々の無知とおごりを、お許しくださいと祈らずにはいられないでしょう。

それこそが、悟りへの道の入り口、神聖さの目覚めなのです。

No.086

前へ進むためには、
自分を許す力が必要です。

失敗したことや人を傷つけたこと、そういうことに罪悪感を持ちつづけ、自分を許さず、愛される資格がないと自分を責めつづけるのは、ひとつの偽善にすぎません。「私は反省が深く、とってもいい人です」と、同情をかうためにやっているのです。それはあなたではなくあなたのエゴです。自分を責めつづけても何ら生産的ではありません。自分の価値観で自分の人生を限定してしまうのも、エゴなのです。そこに逃げているのです。

自分を許します。それが前進する力になるのです。これからは気づきを養い、前進のための反省をします。人に要求するのではなく、分かち合い、捧げることができる人に成長していきます。罪悪感でこの与えられたエネルギーを消耗させるのではなく、人を暗闇から光に導くために使っていきます。そのために祈りましょう。あなたを生かしめている大いなる存在は、あなたを裁きません。色づけするのは心とカルマです。

No.087

もっと思いっきり
泣きなさい。

たとえ過去に何があったとしても、あなたは愛されている存在、守られている存在なのですよ。あなたの中にあるあふれる涙、それは本当のあなたが求めていたものに出会い、心が安らぎほっとするからです。真理の光を見て、いままで張りつめていた心がほどけ、どっと涙があふれるのです。思いっきり、泣いていいのですよ。誰にはばかることなく、心のわだかまりを全部吐き出しなさい。

これからはもっと執着のない愛を持って生きていきましょう。信頼を持って生きていきましょう。源の存在とあなたをつなぐ架け橋であるマスターを信頼すると、受けとる力が強まります。信頼とは、愛の別名です。強い信頼には、肯定的ないいエネルギーが流れます。疑いも不安も心配も、否定的なあなたの過去が溶けていきます。一人ひとりが大いなる存在を信じ、自分を信じて、そこに明け渡し、内なる真理、宇宙の真理に出会っていくのです。

No.088

本当の自分に出会っているとき、
あなたの命は輝いています。

幼い子どもと一緒にいると気持ちが安らぎます。子どもは、いっさいジャッジをせず、どんなときでも、どんな人にも、ひたすら無邪気なエネルギーを発しているからです。その「あるがまま」の姿こそ、本来の自分の姿なのに、大人である私たちにはあるがままでいることが、何とも難しいのです。

これまであなたはたくさんのことをなし遂げて、外側を満たすことをたくさんやってきました。そして、これ以上、ただやりつづけても、満足できず疲れ果ててしまうことを、あなたはもう知っています。いまの自分を受けとりましょう。そのままでいいのですよ。どんなあなたも、あるがままのあなたなのです。あなたの内側、つまりあなた自身を愛し、宇宙の深い真理に出会っていきます。あなたはずっとそれを求めていました。砂漠でのどが渇いて水を渇望するかのごとく、それが必要であることを、あなたはすでに知っていたのです。

本当の自分に出会っているとき、あなたの命は輝いているのです。

No.089

自分を愛してね。
尊敬して、
大事にしてね。

自分を愛することとは、真理を知っていくことです。自分の内側にある本質の自分、真我を知り、愛していくことなのです。自分の心と身体を尊敬していくことでもあります。心や身体を粗末にせず、尊敬して大事にするのです。

人はいつも自分を大事にできていません。逆に、何かに依存し、本当の自分へ向かわないで、いろいろなどうでもいいことに一所懸命なのです。がんばればがんばるほどエゴが強くなりますし、変に力が入っているので、大切なことをいろいろととり逃がしてしまいます。

いつも守られて愛されている存在であることを思い出しましょう。そのために、あなたを根源に連れていってくれるマスターにつながります。水先案内人であるマスターに信頼でつながると、愛とパワーが与えられます。マスターを信頼しておまかせすれば、アヌグラハのブレッシングでたくさんの恵みが訪れ、やがて悟りが起きるのです。

No.090

本当の自分につながっていくと、
そこは、何の言い訳もなくて、
静かで平和に満ちています。

人はいつも心のエゴに翻弄されて、自分が何をしているのかすらわかっていません。ああだこうだと文句を言ったり、悲しかったり、感情にふり回され、混乱したり、闘争心を持ったり。心はものすごく厄介な存在なのです。また、勉強すればするほど、人をジャッジしたり、理屈をかざさないと落ち着きません。でもそれは、やればやるほど、本当の自分から遠ざかってしまう行為となるのです。

静けさの中へ戻っていきましょう。あなたは静けさから生まれたので、そこに還っていくのです。そこにすべてがあり、そこから生まれて、もう1回そこに還ることで、自分がいったい誰であったのかということを思い出すのです。エゴは静けさの中に溶けていきます。そこは、本当に純粋なところで、ただそこにあるだけで満ちていて、安心です。どこに行かなくても不安はありません。本当に平和で、いまここにいることができるのです。

No.091

愛の寄り道をしないで
純粋な道を愛してね。

バクティの道と呼ばれる神を愛する、マスターを愛する道があります。信愛の道といわれますが、それは本当の自分を愛することと同じです。マスターを信頼し、聖なる音の瞑想法をいただいて、音の波動を育んでいくと、大きなものに守られ、安心をいただくことができます。どんどんカルマが浄まって、すごく超特急で楽になっていく人もいます。そして次第に、純粋な愛や慈愛、さらに宇宙的な愛になり、やがて悟ってもいけるのです。真に最高の人間になると、あなたも周りの人も安らぐのです。真理を学び、真に最高の人間になっていくことで、自分も人も救うことができるのです。

人は生きていく中で、実にいろいろなものを愛し、翻弄されています。食べ物を愛すれば食べ過ぎてしまうし、友達を愛せば真理の道ではなく別の道へ遊びに行ってしまいます。でも、ヨグマタを愛してくれれば、真理への道へはガイドしますが、遊びまではつき合ってあげないから大丈夫、ね。

No.092

いまから、
誰でも、いくつからでも、
最高の悟りに近づけるんですよ。

スポーツなど、その専門家になるためには、早い年齢から始めたり、努力することが必要です。その人の素質や、環境も大切です。ふつうのやり方は技を磨くために、同じことを繰り返していきます。けれども最高の磨き方は、心身や魂のクオリティを変容させることです。

私たちの中には誰しも最高の人間として完成するための「悟る力」がありまます。源の自分、真理に還ることで、悟り、すべてをコントロールできるパワーと知恵が身につくのです。それに加えて愛をいただいて、はかりしれない力を出せるようになり、望みもかなうのです。

このような心身の根源に至るためのパワフルな方法が、エネルギーの道といわれる、アヌグラハクリヤ秘法です。この悟りへの道に、年齢制限はありません。シッダーマスターが、スシュムナー（中心のエネルギーの道）を目覚めさせ、悟りに導きます。そうすると信頼や愛、知恵が湧き出て、悟っていけるのです。

No.093

周りの人に、愛を伝えてね。

現代人は頭ばかり使っているので、愛というものを忘れてしまっているようです。昔の人は信仰があって、「神様、神様」と、ひんぱんに神を想っていました。ガンジス川の水も心から信仰していると、飲んだだけで病気が治ってしまうことがありますが、信仰していないと汚いと感じて下痢をすることもあります。心が、色づけてしまうからです。

いろいろな心がありますが、心の内側の思いは現象化します。ですから、常に尊敬と感謝を持って周りの人に愛を伝えていきましょう。みんなに好かれようとするエゴの思いからではなく、日々、善行を積んで、どこまでも深い愛を伝えていってくださいね。

さらに、内なる旅をしてもっと心の奥の静寂に入ることを積み重ねて、心を超えると、そこに無限の愛があるのです。あなたはその宇宙の愛から生まれてきたので、いま、そこへ還っていくのです。

No.094

あなたが代表になって
愛のおすそ分けをしていくのです。
逃げないでね。

この心身を維持し、生活していくためには、働くことが欠かせません。たとえ職場がどんなに嫌だと思っても、職場は神様が贈ってくれた学びの場です。働きの中でそれを精神的な進化にする機会にしていきましょう。

人や仕事で発生するストレスは、過去のカルマからのエゴの浄化の姿で、それを乗り越えていくことが成長になります。気づきや愛を選択することで、自分も周りの人も癒され変化してくるものです。感謝して、仕事にしっかり集中してベストを尽くし、みんなを勇気づけていきましょう。

誰もが一所懸命に生きています。職場があり、幸せです。人にどう思われるか気にせず、みんなに好かれたいと思わないで、宇宙的な愛をおすそ分けしましょう。瞑想と祈りの実践で、宇宙的な愛を得て、根源につながった無償の愛を周りに伝えることで、家庭や、職場の雰囲気が変わっていきます。

あなたが愛の人の代表となり、周りが変わっていくのです。

No.095

お菓子が多いと愛されていると思う。
でも、お菓子が少ないほうが
愛されているかもしれない。
もっと大きな愛を、
与えられているかもしれない。

私たちが源の存在からどれだけ愛され、愛そのものを与えられているか。でも、そのことにはなかなか気づきません。目に見えることはよくわかり、もらえるお菓子が多いほど愛されていると錯覚しがちです。でも、もしかしたらお菓子が少ないほうが、もっと大きな愛、見えない愛を与えられているかもしれません。人はそれぞれの価値観でしか愛を感じられません。だから、お菓子をあげないとわからない人には、お菓子が与えられるかもしれませんが、この人には美しい絵、この人には美しい音と、それぞれに受けとりやすいものを、カルマを介して根源の存在は与えてくれます。

心が浄化されて進化していき、無限の愛に溶けていくと、次第に、どんなことにも愛を感じられるようになっていきます。あなたは、存在から愛されています。信頼は、そこに意識を向け、愛を受けとることです。源の存在も、マスターも、みなさん一人ひとりを愛しているのですよ。

No.096

思いを浄めましょう。
いいものだけが引き寄せられます。

いい心の持ち方は、いいものを引き寄せます。「嫌だ」という思いは、自分が無意識にレッテルを貼って色づけています。そのとき引き寄せるものは、その思いと同じものになります。これは「引き寄せの法則」と言われます。心はまるで磁石です。類は友を呼ぶのです。ですから、この法則を活用するには、気づきを持って成長し、正しい心を持ち、正しい心の使い方をし、正しい選択をすることが大切です。そうでないと無意識に、いらないもの、怖いものなど、どんなものでも引き寄せ、人生が混乱し、苦しくなります。

しかし、瞑想でエゴを浄化すると、自然に、エゴを超えていいものが引き寄せられる人になります。さらにはそれを超え、心が平和で、愛に満たされ、いつも感謝の人でいることができるようになるのです。

サマディは、心をストップさせ、心を超えて、本当の自分になります。永遠の存在と一体になり、低いレベルのものは何も引き寄せないのです。

No.097

ひとつのことを
コツコツやると
意志の力が身についてきます。

人は、目に見えて何かすぐ結果が出たり、得をすることは、一所懸命やろうとしますが、ひとつのことをやり続けるのは、なかなか難しいものです。意志の力が弱いときは、自信がなく、気が散漫ですぐに飽きてしまいます。継続は、意志の力が強くなり、集中力が増し、自信がつき、エネルギーを集める力がつく作業です。たとえば、サマディ瞑想という瞑想がありますが、その音の波動を育んでいき、それと一体になるためには、繰り返しやることが必要です。積み重ねれば、カルマが浄化されて、最高の願いが成就するのですが、信頼がなかったり、神聖な存在がいないとつづきません。信頼が薄いと、本当にそうなるのかと、途中で投げ出してしまう人もいるでしょう。

瞑想の波動は、変容のエネルギーです。つづけることで、その人の中に蓄積します。腕立て伏せでついた筋肉は、つづけないと痩せてしまいますが、瞑想したことで起こる内側の変容は、その人からなくならないものなのです。

No.098

とらわれの心から
真の自由になっていってね。

自由になるためには、まず、心を目覚めさせることです。「いい子にならなくてはならない」「勉強しなくてはならない」と、心を抑えつけてきたところから、「もっと遊びたい」「もっと自己表現したい」と、心を目覚めさせ自分の能力を発揮していくという自由を獲得するまでにはステップがあります。

自由を得るまでには競争がつきまといます。「エリートになりたい」「トップになりたい」という気持ちがあなたを疲れてさせてはいませんか。やりたいことをやれたという満足は、まだ心のレベルで、エゴの満足です。ときにはやりたいことがなくなって、鬱《うつ》になってしまう人もいるレベルです。

心が、自己防衛や恐れからやっているところから、さらなる成長をするためには、心を超えていかねばなりません。ハートは心を超えたところにあり、無限の愛とパワーに満ちています。さらにそれを超えていくと、すべてにとらわれない、「ただ在る」という真の自由があるのです。

No.099

疑いや怒りが
本来の自分の姿を隠しているのです。

もともとの人の深いところに存在する本当の自分は、愛と自由と喜びがあります。しかし、感覚からの心の働きは、疑いや怒り、妬《ねた》みなど、自己防衛のいろいろな思いや感情があります。それらは、本来の自分の姿を隠しています。人は、その感覚や心を長く使ってきているので、それが自分と思い、その奥にある、喜びの自分に行かないのです。

感覚の印象や思い込みだけで、深い知恵からでなく、心が周りをチェックして、いい悪いの判断をします。それは自動的に起き、それを使わないと生きられないと思い込んでいます。「ただ在るがままの存在で生きられるんだ」ということを体験する機会がなく、その感覚と心が自分であると思い込まされています。生まれてからの体験でいろいろくっつけてきたものが、自分だと思っています。本当は「自由な愛に満ちた存在、純粋無垢な存在」で生まれてきたのです。それが本来のあなたなのです。

No.100

外側のものは永遠のものではないから、
お別れしていかなければなりません。

人は外側の何かをいつも一所懸命に行って生きています。それで満足感や達成感を得ています。たとえばお掃除でも、水回りをきれいにしたり床を拭いたりと、とことんやると気持ちがいいものです。でも、1日中やっても行き届かないところはいっぱいあります。やることはもう数限りなくあるのです。これはお掃除に限らず、仕事でも趣味でも、外側にやることをたくさんつくって、自分自身のことをおろそかにしているのです。

一番大切なことは、自分の内側から豊かさが満ちてくる、その回路を築きあげていくことです。人は、何もいらないのに、命以外の不必要なものをいろいろと持ち過ぎています。物質的なものや、肩書きや社会的地位、ちょっとしたいい体験を手放せず、心が執着することがあります。でも、外側のものは永遠ではなく、いずれお別れしていかなければなりません。

心身を覚醒させ、内側の浄化というお掃除をしていきましょう。

No.101

災難とは、大きなものを手にするための小さな痛手です。

勤めている会社が倒産したり、リストラで解雇されたりと、突然の災難に見舞われる人も少なくない時代です。そういうとき、多くの人は絶望して心に不安を持ちますが、そうではなく、仕事を失ったことを感謝すると、災難はチャンスに変わります。自分の人生をクリエイティブに再出発するための、大きなチャンスと考えてほしいのです。

これは、どんな災難でも同じです。たとえば、何かの災害で食べ物が手に入らないとき、普通の人は、何日も食べないと死んでしまうという思い込みから、心に恐れを持ってパニックになってしまいます。そのとき、心の不安によって自分で毒を発生させ、その毒でやられてしまうのです。でも、内臓の休息をいただいた、これで体質が改善できて若返るチャンスだと、切り替えて考えると、毒ではなく薬が発生します。すべて受けとり方で変わります。災難は心の執着をふり払い、受けとり方を変容させる浄化でもあるのです。

No.102

外側じゃないんです。
形のないところへ、行くのです。

人は、いろいろなものを身につけることでパーフェクトにしようとします。みな外側の形を整えることに一所懸命なのです。疑いや怒りといったものを押し込めて外側をしっかり固め、体裁や、規則を整えて生きているのです。内側にそういうネガティブな感情を押し込めていると、二重人格——建前と本音の人になってしまいます。思考できれいな言葉やふる舞いをと形だけ整えても、それは無理にやっているので、ものすごく疲れます。

外側は、道徳的なことをしっかり守っているのですが、何かが起こると、押し込めている自分の中に怒りなどが出てきて、その毒でやられてしまいます。それが内臓に来ると、胃潰瘍やがんなどの病気になるのです。

形ではなく、形のないところへ行かなければならないのです。私たちは本来、形や思考のない無限、永遠から来たわけです。そこへ還るために、執着を溶かし、本当の自分、真理になる必要があるのです。

No.103

愛の海に抱かれるような
子宮の中に漂うような、
そういう優しい
あるがままのいま、ここに。

こうでないとならないとか、人の目を気にして、外側を整えようといった、心に縛られた状態に陥ると、仕事や外出先では元気がよくても、家では力が出なくなってしまうことがあります。それは心を働かせて「よく見せよう」としているからです。そうすると、エゴは満足しますが、心ばかりを使い、疲れて消耗していくのです。エゴはさらに次のものが欲しいと次々に要求してきますので、いつまでたっても安らげません。

仕事中でも、どんなときでも、いつもハートの愛を感じながら、気づきを持って、高次の存在とつながっていると、心に翻弄されないでいることができます。心のこだわりを超えたところに、本当の自分があるのです。

そこは何の心配もありません。時間もなく、ただ、いまがあります。心と体が浄化され、その働きがひとつとなり、愛の海に抱かれるような、子宮の中に漂うような、深い安らぎがあります。

No.104

人間には心があり、
体が成長するように、
心を超えていくことができるのです。

動物は自然の中で生きているので、自然の力を持っています。たとえば鷹は遠くまでものが見えますし、イルカは超音波が聞こえます。また、ある種の直感で、地震のとき、猫は人よりも先に気づき、逃げます。敏捷性《びんしょうせい》がある猫は、高いところから飛び降りても平気ですが、人間だと骨折しかねません。

人は自然界では、決してすぐれた存在ではないのです。しかし、心が発達して、それを補ってきました。動物は悟ることができませんが、人は覚醒して悟っていけるのです。心身を浄化して感覚と心の気づきを増し、それらを超え、本質の自分に戻り、真理に出会うのです。ブッダや、キリストが体験したこと、その実践の道がいま、ヒマラヤの叡智により開かれました。

単に、欲望を満足させたり、便利なものを生産するのみでなく、神聖さ、最高の意識に目覚め、気づきます。そうすれば才能は開花し、愛とパワーと知恵で自由に生きることができるのです。

No.105

あなたの外側にではなく、
内側にこそ
素晴らしい宝があります。

輝いて幸せに生きたいと誰もが思っているのではないでしょうか。でも、この社会で物質的な豊かさを得るには、時間がかかりますし、すぐ飽きてしまいます。いつも深い何かが満たされないのです。一方、玉の輿《こし》のような幸運を一瞬にして得る人もいます。すごく素直で、一緒にいると安らぐ人には、「僕のお嫁さんになってください」と、白馬の王子さまのような存在がやってきます。内側が豊かでいい波動を発していると、自然と周りからの助けが得られたり、いいお話がきたりするチャンスがあるのです。

すべては学びです。何か問題があったら、周りのせいにするのではなく、自分に気づきます。それはより多くのことに気づき、深みと幅のある人になるための、成長の機会なのです。より深い輝きが、本当の自分に出会うことで得られます。いいカルマを積み、日々の心の使い方に気づき、浄めていくことで愛とパワーと知恵は湧き出てくるのです。

No.106

あなたはいま、こうして生きて、
見て聞いて、感じて、味わっています。
素晴らしい機能が、
体の中、心の中にあり、
生かされているのです。

人は生きていることを当たり前のことだと思っていますが、本当はその中で、いろいろな体験をいただいているのです。そして、成長させていただいています。生かさせていただいているのです。偉大なる存在に「ありがとうございます」と感謝しましょう。

何にも文句を言わず、常にあなたとともにある心と身体に感謝をしましょう。そして、もっと自分を愛していきましょう。こんなに素晴らしい、生かされている心と身体。その奥にある魂を愛していくのです。

こうした心の在り方ができると、他人を尊重でき、他人を嫌うのではなく、愛していくことができるのです。もっと気づきを持って、汚くならないように、愛と感謝を持って生きていきます。「ありがとう、愛しています」と、すべてを生かしめている神聖な存在、神がもっと喜ぶように、信頼と愛と感謝を送っていくのです。常にあなたの中に、愛が満ちますように。

No.107

自動的なポジティブ思考は
心の働きにすぎません。
どんなこともいったん受け入れて
ポジティブにクリエイティブに
生きていきます。

「いったい自分は何がしたいのかわからない」と思い悩んでいる人はいませんか。自我の確立という心を強めて、クリエイティブに、何かを自己実現すべきという風潮は、一所懸命に生きている人の心に焦りを募らせ、苦しみさえつくり出しているように思います。いつもポジティブでいようとするあまり、がんばりすぎて気力も体力も尽き、自己嫌悪と無気力で鬱になる人もいるのです。

どんなときもポジティブでいることは大切で、その心がけは素晴らしいと思います。でも、ただ自動的な反応で、すべてをポジティブにしていたら、それも心の働きにすぎません。自分の過《あやま》ちをそのままポジティブにしてしまうのは、逃げであり自己防衛です。自分を見直すきっかけがつかめず、エゴを肥大させてしまいます。

そうではなく、気づきで本当の自分に出会うという真の自己実現の上に立ち、そのプロセスでクリエイティブに生きることが大切です。

No.108

あなたはいったい誰なのか。

あなたは誰ですか。あなたの苦しみや喜びは、どこからやって来るのですか。あなたの中には何があり、あなたの心や身体は、どこから送られて来たものなのですか。あなたは両親のもとに生まれ、名前を持ち、社会の中での肩書きや役割を果たそうと、一所懸命生きているのでしょう。でも、それは、本当のあなたですか。あなたが思っていることは、本当のあなたが思っていることですか。あなたが病気になるとき、本当にあなたが病気になっているのですか。それは、あなたではなく、あなたの心や身体ではないでしょうか。

心や身体は、あなたそのものではなく、あなたの外側にあるものです。どんなに苦しみ悩み、楽しみ喜んでも、それはあなたの心と身体が味わっているもので、その心と身体を超然と見つめている本当のあなたがいます。本当のあなたが、心と身体にパワーを与えているのです。本当のあなたは、純粋で、自由で、静寂で、すべての力の源、創造の源の存在から分かれた存在なのです。

大自然の恵み
空や水、風があなたを愛しています

Column 4

奪う愛、執着の愛と無条件の愛

愛にはいろいろな種類の愛がありますが、人が愛だと思っているものの代表的なものに、男女の愛があります。

男女はなぜ惹かれ合うのでしょうか。それは、もともと神様が＋と－のエネルギーをつくられ、そのエネルギーを展開してさまざまな創造物をつくられているからです。男女もやはり＋と－で、引き合うことで新しい命を生み出し、繁栄させていくようにつくられています。

ただし、エネルギーが欲望と一体となると、カルマによって肉体の喜びを追求しすぎてしまい、必要以上の執着を生んでしまいます。さらに、肉体のレベルの欲望のみになってしまうと、もっと不自然な欲望を生んでいきます。

また、男女の愛に限らず、人が愛だと思っているものは、そのほとんどが見返りを期待して相手を束縛する愛で、そこには喜びと苦しみが伴います。「愛してもらいたい」「褒めてもらいたい」「認めてもらいたい」と、愛を欲しがり、奪うことで自分の不足を満たそうとするエゴの愛なのです。

人は一般的には、何か与えると減るのではないかという恐れを持っています。確かに、理論的にはそうなのですが、真実の愛は決して減りません。そもそも私たちの中には愛が無限にあるのですが、この競争社会において常に心を消耗し、「人を信じない」など、愛がどこかにいってしまいました。

そのため、他から愛を奪って自分を満たし守ろうとするのです。それは、ギブ・アンド・テイクの愛でもあり、執着の愛でもあります。思いやりや理解する心を進化させていきましょう。

　特に男女の愛では、肉体から進化して精神性を磨き、単なる欲望ではなく、本当の愛に進化させていきます。瞑想をして、心を浄化し進化させて、依存の愛の執着をとり除き、相手への思いやりの愛にしていきます。

　執着の愛、奪う愛を手放し、「慈愛」を目指して、無償の愛で、自分から愛を発して、自分から愛を育んで、すべての人を愛してください。それは、自分が抱えている欲求を捨てていくことでもあり、自分を自由にして解放することでもあるのです。

　心を浄め、それを超えると、胸のハートが開きます。その奥には無限の愛があります。さらにそれを超えて、本当の自分になります。その体験をしようと進化していくことで、源とひとつになった、宇宙的な愛を分かち合える人に成長できるのです。

あとがき

本書では、「心を落ち着かせることば」「素直になれることば」「宇宙の根源とつながることば」「真実のあなたを知る愛のことば」という4つのカテゴリーで、合計108の言葉をお伝えしました。

108のことばの中には、あなたのハートに響くもの、そうでないものもあったかもしれません。これらの言葉には、宇宙の真理がつまっています。真理に出会う源の存在への道は果てしなく、本書を開くたびに、あなたのハートにまた違った響きを与えるでしょう。

ですから、ぜひ、この本をあなたの近くに置いて、ときどき読み返してみてください。また、何か苦しいことがあったときは、ぜひ開いてみてください。あなたを癒す言葉が、きっと見つかるはずです。

そして、できるならば、聖なる音の波動の瞑想の秘法をいただいて、瞑想を始めてください。それは、シッダーマスターからの、高次元のエネルギーのブレッシングで浄め伝授するシッダーディクシャです。特別なパワーを持ち、あなたを守り、進化させ成功と幸福に導きます。

私たち日本人にとって、108という数字は除夜の鐘をつき、煩悩を滅する数としてなじみ深いものです。一方、108つあると言われる小宇宙の重要なエネルギーの道の数です。それらが浄まり、煩悩が浄まり、同時に比類ないパワーをいただくのです。ですから、本書の108のことばであなたの苦しみや悲しみが少しでも癒され、さらにパワーをいただき、あなたが真理へ近づくことを、私は祈っています。

煩悩とは仏教の教義のひとつで、心身を乱し、悩ませ、知恵を妨げる心の働きのことですが、人はいま、日々の衣食住に追われ、本質でない心の欲望に翻弄されて、欲望を満足させるために生き続けています。

しかし、私たちの中には、創造の源の存在からいただいた神聖な本質の性質である愛と知恵とパワーがあるのです。しかし、本質と離れ、エゴの発達により真理が見えなくなって、その道が閉ざされていたのです。

私はヒマラヤの厳しい修行によって真理を知り、あなたにその道を示し、いま、真の幸福になることをシェアしています。あなたが源の存在につながると意識が引き上げられ、進化するのです。つなげるのは、シッダーマスターのディクシャです。そして、さらに真理に出会っていく、つまり、実際に根源の存在のあなたになっていく可能性が開かれるのです。もう悩む必要はないのです。そのことを忘れないでください。

あなたは最善の選択をし、迷わず、「よい人生」を築きあげていくことができます。その力があなたにはあるのです。

あなたが本質に出会い、あなたの人生をより輝かせていくことを心より願っています。そして、私はあなたを目覚めさせ、光の存在に導くことができます。いつでもあなたを応援しています。

2012年8月　ヨグマタ　相川圭子

ヒマラヤ秘教の用語について

本書をよりわかりやすく理解していただくため、ヒマラヤ秘教をより知っていただくために、以下の用語解説をご活用いただければと思います。本書に登場する言葉と、その言葉に関連する言葉を順に解説しています。

❶サマディ（公開サマディ）

光明、悟り、エンライトメントともいわれる。いくつかの段階があるが、真のサマディ（究極のサマディ）に至ると、すべてのカルマを浄め、心を超え、心臓・呼吸も含めたあらゆる生命活動を止め、死を超えて、純粋な存在になる。涅槃《ねはん》、光明、さらにサットチットアーナンダといわれる純粋な意識と同じ意味。

サマディは身体と心を超越し、すべてを超えて、創造の源の存在・至高なる存在・神と一体になる、人の意識の究極のステージのことでもある。そのとき、人はすべてから解放され、自由な源の存在、本当の自分に還る。深い瞑想を通して梵我一如《ぼんがいちにょ》（神我一如）になり、ブッダになりきることができる。すべての執着から離れ、本当の自分自身になっていくこと、あらゆるものを超えて得られる究極の境地ともいえる。ヒマラヤ秘教には、サマディに至るための具体的なメソッドが伝えられている。

公開サマディは公の場でサマディを行うこと。本来サマディは公衆の面前で行われないものだが、悟りというものが本当に存在するということを示し、人々に愛と平和とパワーと知恵を与えるために人々の前で行っている。公開サマディを成功させる人は、インドの歴史上、数世紀に1人か2人しか現れないと言われている。

ヨグマタの行った公開サマディは、アンダーグラウンドサマディ。水、食物はもとより、充分な空気のない、完全密閉された神聖な地下窟に72～96時間滞在するというものである。数あるヨガの中でも、最も困難な行であり、古来より真の悟りの証明とされている。インドでは、政府の許可を受けた者だけが公開サマディを行うことができる。現在は、パイロットババとヨグマタ相川圭子との2人のみ。⬇p8、11～14、17、24、32～34、63、173、251

❷カルマ

思いと行為のこと。「業」とも言われる。思考すること、感じること、行動することはすべて内外の行為だが、それは記憶となって身体と心に刻まれる。そして外からの刺激により、それが活性化され、カルマの記憶は再びカルマに基づく行動（アクション）を引き起こす。➡p12、18、21、24、30〜32、35、127、187、229、251、267

❸シッダーマスター（サマディマスター）

マスターとは精神的指導者。グルとも言う。ヒンディ語で、グは暗闇、ルは光。闇から光に導く存在のこと。意識を進化させていくガイドの役割と神につなぐ橋の役目を果たす。高次元のエネルギーをシェアするシッダーマスターとはヒマラヤ聖者の中でも、真のサマディを行い、悟りを得たシッダーヨギのこと。シッダーグル、ヒマラヤ大聖者、ヒマラヤンマスター、サマディヨギなど、いろいろな呼び方がある。

➡p14、24、25、27、34、79、241、280、281

❹ディクシャ（イニシエーション）

「伝授」という意味で、エネルギーの伝授、秘法の伝授など、さまざまなディクシ

ャがある。また「イニシエーション」そのものを指すこともある。⬇p24、30、34、211、280、281

❺アヌグラハ

神の恩寵のこと。人間を含めすべてを創造した至高なる存在、高次元の意識からくる神のパワー、秘密のエネルギー。科学的に表現すると原子力のパワーといわれるが、実際にはそれ以上の威力がある。シッダーマスターは至高なる存在とつながっているので、アヌグラハを与えることができる。アヌグラハの力によって私たちは速やかに内側を浄化し、変容させることが可能となる。⬇p24、33、34、175、179、183、235、241

❻マントラ

いわゆる「真言」に相当する。聖なる波動を持つ言葉。シッダーマスターからディクシャを通して伝授されるマントラは、特別なパワーを持つ。⬇p30

❼ブレッシング

意識の高い人からの祝福。聖者やブラフマナ（僧侶）から祝福と恵みや高い次元のエネルギーをいただくこと。⬇p31〜36、63、175、235、280

❽ヒマラヤ聖者

ヒマラヤに住むすべてのサドゥ、修行者を指す。真理を知るため、宇宙の法則に従って正しく生き、タパスという苦行をする。その中で、真のサマディに到達したシッダーマスターのことをヒマラヤ大聖者ともいう。⬇p32、33

❾ダルシャン

聖なる出会い。マスターとともに座ること。⬇p34、36

❿ヤギャ

日本の護摩焚きの原型、浄化や願望成就のための神聖なる火の儀式。⬇p183

⓫プラーナ

目に見えないところで、人間の機能を司っているのがプラーナ。日本語でいうと、「気」。プラーナをコントロールすることで、気持ちをコントロールできる。空気中にプラーナがあるので、呼吸をすることをプラーナという。↓p183、215

⓬クリヤ

アクション（行為）という意味。アヌグラハの恩恵のもと、呼吸法、調息などの所作により、エネルギーレベルから浄化し、変容させる。↓p183、241

⓭サレンダー

エゴを落として、合一する、一体となること。あるいは母なる、大いなる存在、神に抱かれること。サレンダーするということは、何の疑いも抵抗もない状態。本質の自分に還ることであり、心を切り離して、自分自身になり、自分が自分のマスターになり、エゴにふり回されずに、神の心を持って生きていくことができる人に変容すること。⬇p205

profile

ヨグマタ 相川圭子（よぐまた　あいかわ・けいこ）

史上初の、女性、そして外国人として瞑想の最高の境地、死を超える究極の意識状態である「最終段階のサマディ」に到達したインド政府公認のシッダーマスター。40年以上にわたり、日本における瞑想・ヨガの第一人者として活躍（ヨグマタ＝ヨガの母の尊称）。1985年、伝説の大聖者ハリババジに邂逅。高度5000メートルを越えるヒマラヤでの生命をかけた厳しい修行を経て、死を超え、何日も神我一如となる「究極のサマディ」に到達。それは、ムクシャ、涅槃ともいう究極の悟り。インドにおける救急車寄贈等のチャリティ活動とともに、1991年から2007年まで18回にわたって行われた世界平和のための公開サマディを通して社会に貢献。その偉業はインド中の尊敬を集め、07年にはインド最大の霊性修行の協会「ジュナ・アカラ」より、最高指導者の称号「マハ・マンドレシュワリ」を授かる。

日本、アメリカ、ヨーロッパをはじめ世界各地、各都市で、世界平和キャンペーンを行う。高次元のブレッシングのアヌグラハをシェアし、現代人のための科学的かつ効果的で安全な瞑想法、自己変革法の指導・監修を通し、命の科学から内側の目覚めと意識の進化、真の幸福と悟りをガイド。

主な著書に『心を空っぽにすれば夢が叶う』（講談社インターナショナル）、『心がとけると愛になる』（学研パブリッシング）、『ヒマラヤ聖者のいまを生きる知恵』（PHP研究所）など。他にNHK・CDセレクション『ラジオ深夜便「ヨガと瞑想の極致を求めて」』などがある。

問い合わせ先
サイエンス・オブ・エンラインメント
TEL：03-5773-9870（平日15～21時）
ヨグマタ相川圭子公式ホームページ　http://www.science.ne.jp
X（旧ツイッター）　http://twitter.com/himalaya_siddha

幸せを呼ぶ ヒマラヤ大聖者108のことば

2012年10月11日　第1刷発行
2024年12月31日　第5刷発行

著者　ヨグマタ 相川圭子
発行人　関川 誠
発行所　株式会社 宝島社

〒102-8388　東京都千代田区一番町25番地
電話［営業］03-3234-4621　［編集］03-3239-0646
https://tkj.jp
振替＝00170-1-170829 ㈱宝島社
印刷・製本　株式会社光邦

ISBN978-4-7966-7463-8